「従軍慰安婦」
朝日新聞vs.文藝春秋

文藝春秋編

文春新書

997

「従軍慰安婦」朝日新聞vs.文藝春秋

◎目次

朝日「慰安婦報道」二十二年後の詐術

――朝日新聞の検証をうけて

西岡《にしおか》 力《つとむ》（東京基督教大学教授）

「日韓関係が心配でならない。」私は本書に収録された『文藝春秋』一九九二年四月号掲載の拙論をこのように始めた。私の心配は二十二年経った今（本稿執筆は二〇一四年）まさに現実化した。拙論で私はこう書いた。

〈韓国人元従軍慰安婦らが日本政府を相手取って補償要求の訴えを起こした昨年［一九九一年］末から、宮澤首相が訪韓した一月にかけて、日韓両マスコミはこの問題を大々的に報じつづけた。しかし、今になって振り返ってみると、この問題は日韓関係に一体何を残したのか。

結局のところ日韓両国の相互不信を増大させただけではなかったのか。（略）被害者である韓国人の痛みを加害者である日本人が代弁し、訴える——こうした出発点からの歪《ゆが》んだ構図が、従軍慰安婦問題を複雑にし、不透明にしている。私にはそう思えて仕方がない。さらに言えば活発な報道活動を行った朝日新聞をはじめとしたマスコミが、その運動に積極的に肩入れする一方、誤報を重ね、事態をいよいよ悪化させたことも見逃せない。〉（［ ］内と傍点西岡・以下同）

傍点部分に書いたとおり、私は一九九二年の時点で、朝日新聞の誤報が日韓関係を悪化させていると批判していた。朝日はそれから二十二年経った、二〇一四年八月、自社の慰安婦報道を検証する特集を組んだ。そこで、奴隷狩りのような慰安婦強制連行を行ったとする吉田清治氏の証言を報じた記事だけを取り消したが、私が誤報だと指摘した植村隆記者の記事は「意図的な事実のねじ曲げなどはありません」と開き直った。

本書『「従軍慰安婦」朝日新聞vs.文藝春秋』には私よりも先輩の学者、言論人、高級官僚などの論文やインタビューが収録されているが、その冒頭に私が書き下ろし論文を書く役割に指名されたのは、文藝春秋誌上で一番早く、朝日の誤報を指摘したからではないかと考えている。「文藝春秋」に拙稿を寄稿したとき私は、三十六歳の若輩者だった。当然のことながら、日本が朝鮮を統治していた時代には生まれておらず、その実態を正確に認識していなかった。ただ、私は一九七七年九月から一九七八年八月まで韓国・延世大学に留学し、一九八二年七月から一九八四年六月まで外務省専門調査員として在韓日本大使館に勤務した。その経験から、日本統治時代を経験した多くの韓国人から教えを受けることができた。その誰もが、慰安婦強制連行は事実でないと話し、日本統治時代を懐かしむ人たちも多かった。

ソウルで出会った反応

吉田清治氏は問題の『私の戦争犯罪』という単行本を出した一九八三年に、謝罪のために訪韓した。朝日はその訪韓をソウル発で記事にしているのだが、韓国のテレビもそれを取り上げて特別番組を作った。その時、外務省専門調査員として韓国にいた私は、吉田氏が謝罪を繰り返すその番組をソウルの自宅で見たあと、一般の韓国人の反応を知りたくて街に出た。行きつけの店で若い韓国人女性に番組を見たかと聞くと、見たという。その店では私が日本大使館に勤務する人間であることを明らかにしていたので、激しい日本批判を覚悟したが、全く肩すかしだった。番組に対する感想を聞いた私に対して店の女性従業員は、

「テレビに出て謝罪したあの日本人男性は、日本に帰ってから無事でしょうか。殴られるのではないかと心配します。彼の証言は韓国人である私たちにとってはありがたいものですが、外

国まで来て自国の悪口を言ったらひどいめにあうのではないですか」と語った。「外国で自国の悪口を言ったらだめだ」という素朴な愛国心が当時の韓国人の中にはあった。愛国心を持つことがあたかも悪いことかのような教育を受けてきた私は、その発言を聞いて戦後の日本の歪みを思い、返す言葉がなかった。

朝日は一九八二年九月に初めて吉田氏の慰安婦奴隷狩り証言を記事にした。私がソウルに赴任した直後だ。実はそのとき朝日など日本のマスコミの誤報で日韓関係が悪化し始めていた。文部省による検定の結果、高校歴史教科書の「侵略」という記述が「進出」に書き換えられたという誤報が契機で、韓国と中国が外交ルートで日本の教科書の記述の書き換えを要求する異例の国際紛争が勃発していたのだ。

通常の外交関係では、過去の歴史の処理は条約でなされる。言い換えると、条約を結び国交を持った以上、相手の国の歴史認識を外交上の問題とすることは、「内政干渉」の範疇に入るのだ。しかし、一九八二年の教科書問題以降、中国と韓国は執拗に、日本の歴史認識を外交課題として問題視し続け、それに対していま、日本国内で反韓、反中の世論が高まっている。

一九八二年八月、文藝春秋発行の『諸君!』で渡部昇一氏が、検定の結果、「侵略」が「進出」に書き換えられた事例はない、もともと、原稿に「進出」と書いてあったと誤報を指摘して、中韓の批判は日本のマスコミの誤報を根拠にした内政干渉だと指摘した。それを受けて産経新聞は紙面で大きく、誤報を認める記事を載せ謝罪したが、朝日はそれをしなかった。

そのため、一九八二年九月、誤報を認めない朝日に対する批判が一定程度高まっている中、朝日は吉田証言を持ち出して、事の本質は日本の過去の悪業なのだと開き直ったのだ。二〇一四年八月に朝日が行った慰安婦報道検証でも全く同じ理屈が動員された。慰安婦にされた女性の人権侵害が問題の本質であって、誤報云々は小さなことだという強弁だ。

一九八二年、私はソウルで吉田氏への素朴な韓国庶民の批判と朝日新聞の吉田証言を使った開き直りを体験していた。だから、それから十年後の一九九二年、朝日の慰安婦問題大キャンペーンによって宮澤喜一首相が韓国で八回も謝罪をするのを見て、これはおかしいと判断できた。

その時、『文藝春秋』編集長から「西岡さんと私が世間から極悪人と呼ばれることを覚悟して真実を追究しましょう」といわれ、本書に収録された論文を書いた。当時、日本国内は、産経新聞さえ、慰安婦強制連行を既成事実とする報道をしていたから、これを書いたらどうなるのかという不安があったことを正直に告白しておく。

しかし、ソウルに取材に行くと、日本の統治時代を知る年長の韓国人たちが口をそろえて、吉田氏が言うような強制連行はなかった、慰安婦は日本の吉原の女性らと同じく貧困のためそのような境遇にならざるを得なかった女性たちだと言われた。金泳三、金大中の先輩にあたる野党の元国会議員は「日本と韓国のマスコミは馬鹿なことばかり書いている。二・二六事件は、将校らが東北出身の兵士の手紙を読んで、兵士の妹らが貧しさのために売春婦となっている事情を知り決起したのだ。当時の朝鮮の田舎はもっと貧しかった」と私に語った。

慰安婦問題を取材してきたある韓国人記者は「最初は許しがたい戦争犯罪だと思ったが、いまは、どこの国の軍隊でもあることだと分かってきた。元慰安婦に話を聞くと、慰安所でいかにひどい目に遭ったかは能弁に語るが、慰安所に連れて行かれた過程は話さない。取材を続けると、女衒によって連れて行かれたという事実が出てくる。当時、朝鮮の田舎に入って慰安婦を連れて行ったのは日本人ではなく朝鮮人だ」と吐露した。

吉田氏が慰安婦狩りを行ったという済州島出身の在日朝鮮人に高峻石《コジュンソク》という共産主義革命家だった人物がいる。日本語で何冊か、朝鮮の共産主義運動などについて本を出しているが、彼が本当は日本人には教えたくないがといいながら、「日本統治時代、済州島の自分の村である未亡人が若い娘を何人か連れて中国で慰安所を経営して金を儲けた。それで村から若い娘らがその慰安所に働きに行っていた。吉田が言うような慰安婦狩りなどきいたことない」と話した。

これらが私の原点だ。私は締め切りぎりぎりまでホテルに缶詰になって本書収録の拙稿を書いていた。最後の段階で拙稿からは落としたが、外務省北東アジア課の幹部にも取材をしていた。私の質問は一つだけだった。「宮澤首相は韓国を訪問して慰安婦問題で謝罪した。権力による強制連行を認めて謝ったのか、貧困の結果、そのような境遇におちた女性らに人道的立場から謝ったのか。もし後者なら、なぜ戦前、吉原などで働かされた日本人女性に謝らないのか」。それに対する答えは「これから調べる」だった。

それで私は「自分が強制連行を行ったと告白している吉田清治をどう評価するのか」とたずねた。「それもこれから調べる。しかし、自分が加害者だというウソをつきますかね」という答えが外務省の実務責任者から返ってきた。

「吉田証言」を検証する

外務省から帰ってホテルの部屋で拙論の推敲を重ねながら、「日本の名誉を守る公務員はだれもいないのだな」と暗澹たる思いにとらわれたことを思い出す。

拙論が『文藝春秋』に掲載された数日後、秦郁彦教授から電話を頂いた。私は秦教授と話すのはそのときが初めてだった。本書収録の秦論文にあるように、当時まで秦教授は慰安婦問題を含む朝鮮問題は研究対象としていなかった。しかし、拙論を読んで、慰安婦問題には壮大な嘘があるということに気づかれたのだ。

秦教授は電話の中で私に、西岡論文を読んだ後、高木健一弁護士に「もう少し説得力のある慰安婦はいないのか」と直接たずねたところ、「実は私もそう思って韓国へ探しに行ってきた。

追加分は良いのばかりですよ」と答えたと伝えてくださった。秦教授は、その時点で吉田証言が慰安婦強制連行を主張しているほぼ唯一の根拠となっていることを見抜かれ、現地調査に行くと私に告げた。その現地調査がなければ、吉田証言は、いまも事実として生き残っていたかもしれない。

秦教授は済州島での調査の結果として、現地の住民たちが全くそのような事実はなかったと証言しており、地元新聞も取材の結果、吉田証言を信じられないと書いていると報告された。その調査結果が公表されたことを受けて、文藝春秋発行の『諸君!』は現代史研究家である板倉由明氏と上杉千年氏による二本の論文を載せて吉田氏の経歴などを徹底的に調べてその嘘を暴いた。本書には上杉論文が収録されている。

ところが、一九八二年、吉田氏の済州島での慰安婦強制連行証言を初めて記事にし、その後も繰り返し吉田氏を「良心的日本人」の代表として取り上げてきた朝日は、秦論文がでたあと、吉田氏に証言の根拠を示すように頼んだが断られたにもかかわらず、記事取り消しをしなかった。なぜ、その時、秦教授に取材しなかったのか、現地に記者を送らなかったのか、朝日は吉田記事を取り消した二〇一四年八月の特集でも説明していない。

朝日が記事取り消しを行わなかった悪影響は国連に及んだ。本書に収録された秦論文にあるように、一九九六年国連人権委員会に提出されたクマラスワミ報告は、吉田証言や吉田証言を事実として採用したヒックスの著書などが典拠となって、慰安婦を性奴隷制度だと決めつけ日本政府に法的責任を認め、被害者に補償し、責任者を処罰せよと勧告した。

クマラスワミ女史に面会した秦教授が「慰安婦の雇用契約関係は日本軍との間ではなく、業者（慰安所の経営者）との間で結ばれていた」と伝えたにもかかわらず、報告で「秦郁彦博士は多数の慰安婦は日本陸軍と契約を交わしており」と論旨が完全に歪められて書かれた。このような、事実関係の捏造に基づく国連文書が出され、日本国の名誉が著しく傷つけられていたちょうどそのとき、日本政府はアジア女性基金を作り、首相の名前で慰安婦に謝罪を行なっていた。それさえ、韓国の運動体から国家賠償ではないと非難されるという惨状だった。

秦論文によるとクマラスワミ報告が公表されたとき朝日は、事実認識の誤りに目をつぶって、同報告を肯定的に大きく取り上げ、その結論を支持する報道を行った。朝日は四人の識者にコメントを求めたが、その四人は全員報告の結論を支持する運動家や学者、弁護士だった。

二〇一四年八月の検証特集で朝日は、吉田証言に関する記事を取り消しながら、それを日本非難の材料に使ったクマラスワミ報告については一切言及しなかった。同報告について書くと、自社の誤報が日本の名誉を傷つけた実態を認めざるを得なくなるから逃げたのだと疑わざるを得ない。

朝日は吉田証言記事を取り消すと発表しながら、取り消した記事のリストの公表すらを拒んでいる。仕方なく、私はデータベースで朝日が吉田を報じた記事を検索してみた。すると、朝日の厚顔無恥さが分かる記事を発見した。なんと朝日は自社の吉田証言を使った慰安婦報道が国連を動かしたことを自画自賛する記事を掲載していた。

一九九四年一月二十五日、創刊百十五周年記念特集で書かれた「政治動かした調査報道」と題する記事だ。そこで自社の調査報道が政治を動かしたという「成果」として、「【土建政治】癒着追及、11年後に結実」（茨城県知事の土建政治を告発）、「【不正出張】出直し選挙へ追い込んだ9カ月『尼崎再生』市民と共に」（尼崎市議会の不正出張を告発）、「【回し献金】法の悪用、収支報告書から暴く」（自民党愛知県議4人を告発）と並んで「【戦後補償】忘れられた人達に光」を並べて自賛した。ところが、その中に吉田証言が含まれていたのだ。朝日の自賛記事の当該部分を引用する。

〈【戦後補償】　忘れられた人達に光

戦後長い間、戦禍の責任をとるべき側から忘れられた人達（ひとたち）がいた。

旧日本軍に性の道具とされた従軍慰安婦、強制連行の被害者、海外の残留邦人……。

近年になって急浮上したこれらの戦後補償問題に、朝日新聞の通信網は精力的に取り組み、その実像を発掘してきた。

○慰安婦・強制連行…

（略）

日本ジャーナリスト会議からＪＣＪ賞を贈られた朝日新聞と朝日放送のメディアミックス企画「女たちの太平洋戦争」に、慰安婦問題が登場したのは、翌九一年五月。朝鮮に渡って強制的に慰安婦を送り出した元動員部長の証言に、読者から驚きの電話が何十本も届いた。

読者同士の紙面討論が延々と続くかたわら、記者が朝鮮人慰安婦との接触を求めて韓国へ出かけた。その年十二月、韓国から名乗り出た元慰安婦三人が個人補償を求めて東京地裁に提訴すると、その証言を詳しく紹介した。年明けには宮沢首相（当時）が韓国を訪問して公式に謝罪し、国連人権委員会が取り上げるに至る。〉

外務省はなぜ反論を取り下げたのか

クマラスワミ報告を巡っては外務省の姿勢にも大きな問題があった。クマラスワミ報告が公表された頃、外務省は、国連人権委員会に同報告に反論する英文で四十頁にわたる長大な文書を提出していた。そこでは、吉田証言は学界で信憑性が疑われていることや、慰安婦と奴隷制は国際法上、同一ではあり得ないなどという反論が堂々と展開されていた。しかし、突然、その反論文書を取り下げ、日本は河野談話で謝罪し、アジア女性基金を作り償い事業もしているという「反論にならない反論」に差し替えた。その幻の反論全文が二〇一四年四月に産経新聞のスクープによって明らかになった。事実関係に関わる部分を紹介する。

〈第3章　事実面に関する反論〉

日本政府は、以下の通り、付属文書がその立論の前提としている事実に関する記述は、信頼するに足りないものであると考える。

第1に、特別報告者の事実調査に対する姿勢は甚だ不誠実である。（略）第2章「歴史的背景」において、特別報告者は、旧日本軍の慰安所に関する歴史的経緯や、いわゆる従軍慰安婦の募集、慰安所における生活等について記述しているが、同章の記述は、実は、ほぼ全面的に、日本政府に批判的な立場のG．Hicks氏の著書から、特別報告者の結論を導くのに都合の良い部分のみを抜粋して引用しているに過ぎない。（略）Hicks氏の著述内容について、……検証が行われた形跡がない。その上、引用に際し、特別報告者は、随所に主観的な誇張を加えている。このような無責任かつ予断に満ちた本件付属文書は、調査と呼ぶに値しない。

第2に、本件付属文書は、本来依拠すべきでない資料を無批判に採用している点においても不当である。従軍慰安婦募集のためslave raidを行ったとする吉田清治氏の著書を引用している。しかし、同人の告白する事実については、これを実証的に否定する研究もあるなど（秦郁彦教授『昭和史の謎を追う（上）』p334、1993）、歴史研究者の間でもその信憑性については疑問が呈されている。特別報告者が何ら慎重な吟味をおこなうことなく吉田氏の「証言」を引用しているのは、軽率のそしりを免れない。

（略）北朝鮮在住の女性の「証言」は、特別報告者が直接聴取していない「伝聞証言」である。特別報告者自ら問いただして確認するなどの努力もなしに、いかに供述の真実性を確認することができたのか、全く不明である。〉

なぜ、この反論文書を取り下げたのか。徹底的に糾明されるべき日本外交の大問題だ。これ以降、外務省は、慰安婦問題で事実に踏み込んだ反論をせず、ただ謝罪して問題から逃げるだけだった。その無責任な姿勢は一九八二年の教科書問題以来、一貫していた。そのため、朝日など反日勢力による誤報、捏造が今に至るまで是正されず、国際社会で日本国の名誉を傷つけ続けている。

問題の本質を把握している知識人がいなかったわけではない。著名な評論家である上坂冬子氏と保阪正康氏は、事実を捏造して日本の過去を責める朝日と反論せず謝り続ける外務省の癒着のいかがわしさを鋭く指摘していた。

上坂氏は慰安婦問題が勃発した直後に、現在の基準で過去を裁くのはおかしいと問題提起し、「最低限の人権感覚も持ち合わせない」と非難され、新潟市で決まっていた講演を取り消されたという。本書に収録された対談を読むと、朝日などの作った虚構の言論空間の中では、普通の常識に基づいて当たり前のことを発言することが、どれくらい困難だったかがよくわかる。

上坂氏はアジア女性基金の欺瞞性を次のように正確に批判している。

〈アジア女性基金のパンフレットに、慰安婦「制度」という表現が繰り返されていますが、制度といいきるのはおかしい。慰安婦は軍の「黙認」のもとに存在していたというべきでしょう。だとすると日本に限ったことでなく戦時下の諸外国でも、ごく常識的に行われていたことです。〉〈パンフレットに「従軍慰安婦にされた方への償いのために」とありますが、されたとなれば強制連行でなければならないし、償いとなれば罰を科せられたことになります。いずれも確たる証拠がないというのに、どうしてこれほど断定的な言い方をするのでしょう。〉

その上で上坂氏は「要するに日本がいかに悪かったかと日本人の側から言い立ててことを大きくしたわけで、教科書問題と似ています」と事の本質を見抜く発言をしている。上坂氏が最後にいわせてほしいとして語った一言は限りなく重い。「日本は戦後に千人を越える戦争犯罪人の命と引換えに、平和条約の調印にこぎつけています。戦後補償にしろ戦争責任にしろ五十年もたってからツベコベいわれる理由はありません。でなければ、あの千余人の命は何だったというのでしょう」。朝日は同じ日本人としてこの問いにどう答えるのだろうか。

保阪氏はやはり、アジア女性基金の活動を鋭く批判する。償い金といっしょに元慰安婦に渡される首相の謝罪の手紙を「相手を愚弄している」として次のように批判している。

〈事実関係を具体的に調べ、その報告書をまとめる努力を明らかにし、そうしたうえで謝罪すべきは謝罪すると伝えなければ不誠実というものだ。

謝ればいい、あれこれ批判の声もあるのだから謝ってすむことなら……というのが、この手紙からは窺われる。この不誠実さが、これまでどれだけ誤認と誤解をはびこらせる因であったかという教訓は生かされていない。単に謝ればいいというのは、実は相手をどれだけ愚弄していることか。かつての日本軍が何を成したのか、その責任はどうなっているかの説明もなしに謝るというのはむしろ非礼である。たまたま目についた、あるいは声の大きい者には謝罪するが、そうでなければ知らぬ顔をするという姿勢が感じられる。〉

朝日が事実を捏造して被害者として大きな声を上げさせた韓国人元慰安婦だけに謝る偽善が、完膚なきまでに暴かれている。

日本の名誉を傷付けた嘘

一九九七年、櫻井よしこ氏が本書に収録された論文を書いたときのことはよく憶えている。その年の四月から中学校のすべての歴史教科書に慰安婦問題が記述され、大論争が起きていたからだ。西尾幹二氏、藤岡信勝氏らの「新しい歴史教科書をつくる会」と中川昭一氏、衛藤晟一氏、安倍晋三氏らの「日本の前途と歴史教育を考える若手議員の会」が精力的な活動を展開していた。私はその両方から呼ばれて、慰安婦問題に火をつけたのは日本人活動家と朝日の誤報などと説明した。すでに一九九二年〜一九九三年の論争で、権力による組織的な慰安婦連行は証明されていないという結論が出ていたが、そのことを日本社会に広く伝えることができないでいた。

たとえば、一九九三年、「朝まで生テレビ」で私は高木健一弁護士らと慰安婦問題をテーマに討論したことがある。そのとき、同番組は番組冒頭に吉田清治氏のインタビュー映像を流した。討論の前提とすべき事実という位置づけだった。私は番組の中で、先ほど流れた吉田氏の証言は虚偽だと判明しているとして、済州新聞の記事を読み上げた。そして、権力による強制連行はなかったと強調した。高木弁護士はその点について反論せず、慰安所での生活が悲惨だったと論点をずらすだけだった。朝日は二〇一四年八月に吉田記事を取り消したが、いまだにテレビ朝日は取り消しを行っていない。

その頃、櫻井氏は、大変慎重な表現で、慰安婦として働いていた人たちに対する同性としての同情の念をあらわしながら「政府や軍が基本的政策として、女性たちを強制連行で集めたことを示す資料は今の時点ではみつかっていない」という発言をしたところ、事務所に抗議が殺到し、決まっていた講演会がキャンセルされるという騒動が起きた。神奈川人権センター（日高六郎理事長）なる団体が抗議の先頭に立っていた。櫻井氏は抗議に屈することなく言論活動を続けた。今となると考えにくいが、朝日は一九九七年一月、渦中の櫻井氏にオピニオン欄の紙面を提供してコラムを書かせた。そこでも櫻井氏は以下のように自説を堂々と開陳した。

〈タブーとされる事柄についての発言の、この社会における反響の大きさを、私は今体験している。（略）慰安婦問題について私が受けとった多くの反応の中に事実関係を論ずるのではなく、強制連行に否定的な見方だという理由で頭から拒否をする顕著な動きがあった。また、数多く寄せられた抗議のはがきのほとんどすべてが、一言一句同文の、従って組織的としか思えない文章であることを非常に残念に思う。反論もよし、賛成もよし。ただし自分の頭で考え、自分の言葉で語ってこそ、この社会に一人の人間として生きている意味があるのではないか。多数が全く同じ言葉で抗議をし、自分と異なる意見を排斥する姿勢は、人権を尊び、民主主義を大切にする人々には最もふさわしくない態度である。〉

朝日は櫻井コラムに対する反論の投稿を二本載せてバランスをとった。そして、同年三月、狭義の強制連行は証明されていないが、慰安所での悲惨な生活など広義の強制はあったと論点をずらす大特集をくんで、事実に基づいて議論しようという櫻井氏の指摘を事実上しりぞけた。その特集のため、朝日は済州島まで記者を送って吉田証言の検証を行ったのだが、裏付けが得られなかった。しかし、朝日は特集の中で吉田証言について「真偽は確認できない」と書いただけで、自社の記事の取り消しを行わなかった。その頃、櫻井氏から「（九二年頃から慰安婦問題に取り組んできた）西岡さんたちは大変なところにいたのね」と言われたことを覚えている。櫻井氏は抗議が殺到する中で、逆にファイトを燃やし、石原信雄元官房副長官らに初めて、慰安婦問題の発端から河野談話までの政府部内での議論などについて詳しくきいて、本書に収録された「密約外交の代償　慰安婦問題はなぜこじれたのか」を書いた。

その頃から産経新聞が慰安婦の強制連行は証明されていないという論陣を張り、朝日と全面対決し、櫻井氏や漫画家小林よしのり氏の活躍もあって、朝日が当初伝えた、奴隷狩りのような慰安婦狩りはなかったという事実を日本国内に伝えることに成功した。しかし、日本の反日運動家は慰安婦問題を国連に持ち込み、前述の通りクマラスワミ報告は吉田証言を事実として採用して、「性奴隷制」というおどろおどろしい定義をした。これが二〇〇七年の米議会下院決議などにつながり、最近、米国内で多数建てられている慰安婦記念建造物につながってくる。朝日が一九九〇年代初めにまき散らした嘘が、未だに国際社会で跋扈して日本の名誉を著しく傷つけている。

韓国政府は、李明博政権末期から朴槿恵政権になって、慰安婦問題を再び、外交問題として取り上げ、事実に反する広報宣伝を大規模に展開している。日本ではそれをみて多くの日本人の韓国離れが起きている。本稿冒頭で引用した一九九二年の私の心配が的中してしまった。

でたらめな朝日の検証

朝日は二〇一四年八月、突然、自社の慰安婦報道を検証する大特集を組んだ。朝日への批判が高まっていて、黙ってやり過ごすことが困難になったのだろう。しかし、その検証はごまかしと隠蔽に満ちたもので、逆に火に油を注ぐ形で朝日批判が高まっている。

ここでは、やはり一九九二年の拙稿で私が批判した植村隆記者の慰安婦報道について、朝日の検証がいかにでたらめかを指摘して本稿を閉じる。

朝日は今回の検証を行った理由について八月五日紙面で〈一部の論壇やネット上には、「慰安婦問題は朝日新聞の捏造《ねつぞう》だ」といういわれなき批判が起きています。しかも、元慰安婦の記事を書いた元朝日新聞記者が名指しで中傷される事態になっています。読者の皆様からは「本当か」「なぜ反論しない」と問い合わせが寄せられるようになりました。〉と書いた。

今回の朝日の検証は私への反論とも取れた。なぜなら、私は、一九九二年に元慰安婦の記事を書いた植村隆記者の実名を挙げて最初に批判し、その後も今まで論文や著書で批判し続けてきたからだ。

本書に収録された拙論で、私はまず、植村記者が最初に名乗り出た元慰安婦金学順さんについて、「『女子挺身隊』の名で戦場に連行された」(一九九一年八月十日)、地区の仕事をしている人にだまされて十七歳で慰安婦にさせられた(九一年十二月二十五日)などと書いたことを紹介した。次に、彼女が記者会見や訴状で「生活が苦しくなった母親によって十四歳のとき平壌にあるキーセンの検番に売られていった。三年間の検番生活を終えた金さんが初めての就職だと思って、検番の義父に連れられていった所が、北中国の日本軍三百名余りがいる部隊の前だった」(『ハンギョレ新聞』九一年八月十五日)という経歴を公開していたことを指摘して、次のように植村記者を批判した。

〈女子挺身隊という名目で明らかに日本当局の強制力によって連行された場合と、金さんのケースのような人身売買による強制売春の場合では、日本軍ないし政府の関与の度合いが相当に違うことも確かだ。(略)金さんが挺身隊という名目で、日本の国家権力によって強制的に連れていかれたかどうかは、事実関係の上で最も重要なポイントの一つだろう。(略)

高木弁護士たちが十二月六日に東京地裁に提出した訴状にも金さんは「十四歳からキーセン学校に三年間通ったが、一九三九年、十七歳(数え)の春、『そこへ行けば金儲けができる』と説得され、(中略)養父に連れられて中国へ渡った」ことが、しっかり記されているのである。

これでは、植村記者はある意図を持って、事実の一部を隠蔽しようとしたと疑われても仕方がないと私は思う。まして最も熱心にこの問題に関するキャンペーンをはった朝日新聞の記者が、こうした誤りを犯すことは世論への影響から見ても許されない。(略)

この植村記者は、今回の個人補償請求裁判の原告側組織である「太平洋戦争犠牲者遺族会」のリーダー的存在、梁順任・常任理事の義理の息子なのだ。植村記者は梁常任理事の娘の夫なのである。つまり、彼自身は今回訴えた韓国人犠牲者の遺族の一員とも言えるわけで、そうであればなおのこと、報道姿勢には細心の注意を払わなくてはならないと私は思う。〉

朝日と植村記者は二十二年間、私の批判に一切答えなかった。今回やっと植村記事を検証した。ついに私の批判に対する回答が来たのかと期待して朝日の検証記事を読んだが、ごまかしと弁明ばかりで怒りが増すだけだった。

朝日は「記事に事実のねじ曲げない」とする大きな見出しをつけて検証結果を掲載した。植村記者が八月記事で金さんのことを「『女子挺身隊』の名で戦場に連行され、日本軍人相手に売春行為を強いられた『朝鮮人従軍慰安婦』」と書いたことについて「慰安婦と挺身隊との混同については、（略）韓国でも当時慰安婦と挺身隊の混同がみられ、植村氏も誤用した」と弁解した。しかし、これは弁解になっていない。

当時、慰安婦連行が挺身隊制度によって行われたと誤認していた韓国人、日本人は多かった。しかし、その制度上の誤認と、金学順さんという一人の元慰安婦が「女子挺身隊」の名で連行されたのかどうかという問題とは無関係だ。金氏は「女子挺身隊」の名で連行されていない。これが事実だ。植村氏は金氏が話していない経歴を創作、でっち上げたのだ。これこそ「事実のねじ曲げ」そのものだ。

また、朝日は植村記者がキーセンに売られた事実を書かなかった理由として、八月記事では金さん本人がそのことを明らかにする前だったと弁解した。しかし、十二月記事にはその弁解は通じない。それに対して朝日は、十二月記事では「金さんが慰安婦となった経緯やその後の苦労などを詳しく伝えたが、『キーセン』のくだりには触れなかった。植村氏は『キーセンだから慰安婦にされても仕方ないというわけではないと考えた』と説明。『そもそも金さんはだまされて慰安婦にされたと語っていた』とい（った）」と弁解した。

これもおかしい。彼女が誰にだまされたかという事実関係が問題なのだ。金さんは会見や訴状で、「母がキーセンとして彼女を売った相手の」義父に中国の慰安所に連れて行かれたと証言していた。だまされたとするなら、義父にだまされたことになる。植村記者が「キーセンだから慰安婦にされても仕方ないというわけではない」と考えるのは自由だが、その個人の考えから、「母がキーセンとして金さんを売った」義父の存在を隠して「地区の仕事をしている人」という正体不明の人物を登場させたことも、やはり事実のねじ曲げだ。

朝日は私が『文藝春秋』一九九二年四月号で事実の捏造だと指摘した植村隆記事について、二〇一四年の八月の「検証」でも「事実のねじ曲げはなかった」と開き直った。

彼らが吉田清治証言記事を取り消したのは、吉田氏は朝日の社員ではないから、彼の嘘を見抜けなかったことは「反省する」が、他社の新聞も当初は吉田氏の嘘を見抜けず記事にしているから朝日と同罪だと開き直れるからだ。あくまでも自分たちはだまされた被害者だといいたいのだ。

朝日は九月十一日になってやっと社長の会見を開いた。しかし、福島原発事故の吉田所長調書記事の誤報を認めて謝罪する会見で「ついでに」慰安婦報道についても触れたという形だった。その上、私が二十二年前から追及し続けている植村記事についてはきちんと質問に答えず捏造を認めなかった。

植村記事を捏造と認めると、朝日に与えるダメージが大きすぎるので最後まで守るかわりに、吉田記事の取り消しを行って世の関心をそちらに向けて逃げ切ろうという作戦かもしれない。朝日を逃がしてはならない。その意味で『「従軍慰安婦」朝日新聞vs.文藝春秋』の戦いは終わっていない。いや、ついに最後の山場を迎えたと言える。本書はその中間報告である。

「慰安婦問題」とは何だったのか

（『文藝春秋』一九九二年四月号）

西岡《にしおか》　力《つとむ》（東京基督教大学教授）

日韓関係が心配でならない。

今回の従軍慰安婦問題は日韓双方に相当深刻な影響を及ぼしてしまった。私の友人の中にはあの金大中事件の時に匹敵する厳しさだと頭を抱える者もいる。特に危惧されるのは、日本人の中に広がっている厭韓、嫌韓感情だ。日本側からすれば、一九六五年の日韓条約締結時に提供した五億ドルで、韓国人に対する戦後補償は解決したはずだという思いがある。それを今になってなぜ韓国側は蒸し返してくるのか。韓国人はしつこい、つき合いづらいというイメージが急速に広がっており、在日韓国大使館には右翼の宣伝カーが押しかけ、在京韓国マスコミ支局には脅迫まがいの電話が頻々とかかっているという。

一方、韓国は韓国で日本に対する不満を募らせている。日本人は口では謝罪を繰り返しながら、ちっとも行動がともなわない――彼らも反日感情を高ぶらせているのだ。

韓国人元従軍慰安婦らが日本政府を相手取って補償要求の訴えを起こした昨年（一九九一年）末から、宮澤首相が訪韓した一月にかけて、日韓両マスコミはこの問題を大々的に報じつづけた。しかし、今になって振り返ってみると、この問題は日韓関係に一体何を残したのか。結局のところ日韓両国の相互不信を増大させただけではなかったのか。

それにしても、従軍慰安婦問題はどうしてこれほどの大騒ぎを引き起こしてしまったのだろうか。一体いつどういう経緯でこの問題は登場し、誰の手でクローズアップされていったのか。氾濫する報道の中でなぜかその経緯について仔細に検証したものは現在までのところまったくない。実に不可解なことである。そしてなにより、日韓の政治レベルにまで浮上してしまったこの問題についてはいまだ不明な点が多過ぎる。

なぜこのようなことになってしまったのか。一体問題はどこからこじれ、何が修正されずに放置されてきたのか。

それを解く鍵はやはりこの問題が表面化したそもそもの経緯の中にある。先に結論めいたことを言えば、今回の従軍慰安婦問題の直接のきっかけとなった「韓国人戦争被害者」の訴訟に重大な役割を果たしたのは日本人なのである。訴訟の原告探しにしろ、手続きにしろマスコミへのアプローチにしろ、そしてデモのきっかけ作りまでも、日本人が一役買っている。

被害者である韓国人の痛みを加害者である日本人が代弁し、訴える——こうした出発点からの歪《ゆが》んだ構図が、従軍慰安婦問題を複雑にし、不透明にしている。私にはそう思えて仕方がない。さらに言えば活発な報道活動を行った朝日新聞をはじめとしたマスコミが、その運動に積極的に肩入れする一方、誤報を重ね、事態をいよいよ悪化させたことも見逃せない。

まずは今回の取材で集めた事実を積み重ね、ことの起こりから順序立てて説明していくことにしよう。

訴訟をはじめたのは誰か

一九八九年五月、風変わりな意見広告が『朝日ジャーナル』五月十九日号に掲載された。題して「日本国は朝鮮と朝鮮人に公式陳謝せよ」。この広告の依頼主は「朝鮮と朝鮮人に公式陳謝を・百人委員会」という九州・大分市に事務局を置く組織。意見広告の内容は日韓併合による三十六年間の日本の植民地支配を糾弾し、その奴隷的支配によって被害を受けたすべての朝鮮人および朝鮮に対して日本は公式に謝罪せよというもの。この広告はこれ以降十二月まで隔週で十五回にわたって掲載された。一節を引用しておこう。

「③その他軍人・軍属・労務者として死傷した者に対して④従軍慰安婦として戦場に投入して、言うに耐えない犠牲に供して置きながらこれらの者たちに対して『この人たちはもはや日本人ではない』の一言で一銭の補償も行わず、『気の毒な事をしました』の慰めの言葉もないままに四十余年が過ぎた。日本国は戦争によって被害を与えた全ての人々に対して陳謝すべきは当然の事としてなかんづく朝鮮人及び台湾出身者に対して国家と国民の名をもって公式に陳謝し、その犠牲に対しては、日本国民と同等、それ以上の補償を行わなければならない、と我々は考えます」

八九年十一月十九日〜二十二日の四日間、大分市に住む日本人主婦青柳敦子氏が韓国を訪問した。訪韓の目的は、韓国人戦争犠牲者の中から日本政府を相手どって「公式陳謝と賠償」を求める裁判を起こす原告になってくれる人を探し出すこと。青柳氏は先の意見広告を出した「百人委員会」のメンバーの一人で、事務局として記された住所が青柳氏の自宅であることからも分かる通り、いわば事務局長のような存在だった。

訪韓に際して、青柳氏が用意したのはこの意見広告のコピーと韓国語の訳文。韓国語を話すことのできない青柳氏はこの訳文を頼りに裁判の原告探しをするつもりだった。

青柳氏たちのグループは以前から、朝鮮人問題に対して活発な活動を展開していた。そのグループの実質的リーダー役を務めるのは在日朝鮮人の宋斗会氏という人物。青柳氏はこの宋斗会氏に私淑し、宋氏の進める日本を告発する運動の事務局長的役割をずっと果たしてきたのである。『朝日ジャーナル』に載せた意見広告も宋氏の手になるものだった。

宋氏の主張は、民族的誇りを強調する他の在日韓国・朝鮮人たちとはかなり違っている。日本国はなぜ戦前「日本国臣民」であった自分たちを外国人の範疇《はんちゅう》に入れ、冷遇するのか、というのが宋氏の考え方の核心である。日本が一九五二年に独立を回復した際、法務省局長通達によって当時日本に住んでいた旧植民地人の日本国籍離脱が決められたが、宋氏はそれは認められないと言う。彼は自分をはじめ在日朝鮮人は現在も日本国籍を有していると主張して、これまで何度も日本国籍確認裁判を起こしてきたのである。

さらに宋氏は、私の問いかけに対し「現在朝鮮半島に住んでいる朝鮮人にも潜在的に日本国籍があるとみなすべきだ。日本国は韓国政府との関係などがあろうがなかろうが、日本国臣民として戦争に動員して犠牲を強いた者に対して公式陳謝し然るべき賠償をすべきだ。また国際情勢の変化などのため現在本国に住んでいる朝鮮人が日本に住みたいと考えた場合は、その国籍が認められるべきだ」とも語っている。

主権国家としての韓国のとった政策や行動に対する考慮をまったく欠いて、加害者「日本国」対被害者「朝鮮民族」という枠組みだけからすべてを見ようとするところに、宋氏や青柳氏らの特徴がある。

そんな宋氏がリーダーとなり、青柳氏が実務を担当した下関市に住む在日韓国人C氏の日本国籍確認訴訟が、ちょうどこの年の四月敗訴となった。そこで宋氏が新たな運動目標として発案したのが雑誌への意見広告の掲載であり、それを受けた形での韓国人に対する日本政府への裁判の呼びかけだったのだ。

この時の訪韓で青柳氏は、用意した文書を報道機関その他、あちこちに置いて帰国する。それまで韓国にほとんどツテのなかった青柳氏は、この最初の訪韓では原告を見つけ出すことはむろんできなかった。

ところが、帰国して数週間後のある日、突然ソウルにある「太平洋戦争犠牲者遺族会」から青柳氏の自宅に国際電話がかかってきた。青柳氏の残していった意見広告のコピーや訳文が、遺族会の目にとまり、是非協力したいと申し入れてきたのである。

この「太平洋戦争犠牲者遺族会」（以下「遺族会」）は、韓国政府が補償を行うために戦争犠牲者の遺族からの届出を受けつけていた一九七二年に発足した組織で、家族の生死確認や遺骨調査、援護の拡充などを求めて活動してきた。ソウルに本部事務所と各地に支部を置き、八九年には天皇あてに『昭和天皇の後を継いだアキヒトは、戦争責任をきちんと取れ』というメッセージを送るなどの活動を展開している。日本政府への訴訟の計画もあったという。

この時の遺族会の申し入れは、韓国側にこれというパイプのなかった青柳氏にとっても渡りに船といった恰好だった。

反日デモ第一号のきっかけ

そして、翌九〇年三月、裁判の具体的説明をするため、青柳氏は再び韓国に渡る。遺族会側は説明会場としてソウルにある韓国日報ビルの大講堂を借り受け、約千人の会員を動員して青柳氏らを迎えた。この時点ではじめて韓国から直接日本への訴訟を行うというアイデアが現実性を持ちだしたのだ。ちなみにこの説明会の名称は「対日公式陳謝賠償請求裁判説明会」である。

青柳氏は壇上、概略次のような挨拶をした。むろん通訳を通してであった。

「日本国に対し公式陳謝と賠償を求める裁判をすすめる会、事務局の青柳敦子です。私は、三人の子供を持つ、ごく平凡な、主婦ですが、宋斗会氏やCさんと出会って以来、日本はこのままでは本当にいけないと思い、これまで裁判の準備をすすめてきました。人間であるならば、日本がこれまでになしてきた事……三十六年間の植民地時代も含めて、特に戦後、自分の責任をすべて放棄してきた事……は、とうてい許されることではありません。特に、自分の戦争に軍人、軍属として、戦場へ動員した人々に対してまで、死傷しても、何のお詫びの言葉も、補償もないとは、私は日本人として、本当に恥ずかしい気持ちです。(略)私達のできる一つの有効な方法として、今、裁判を準備しています。日本国の公式陳謝と賠償を求める裁判です。（略）裁判の方法と内容について簡単に説明します。要求する賠償金額によって、裁判に必要な経費が異なるのですが、原告一人に付き、最低十万円は必要かと思います。その他、訪日して証言していただく経費を考えますと、最初は、十人を原告として裁判を始めたいと思います。しかし、この十人の背後には、多くの原告がいることを明らかにする為に、委任状をできるだけ多く欲しいのです。裁判に必要な費用は、今、日本で四百万円準備しています。たくさんの委任状を背景に、まず十人を原告として裁判を始める予定です」

まさに手とり足とり。おまけに裁判費用を四百万円も用意するというのだから、集まった遺族会会員たちが感激したことは想像に難くない。かくしてこの会の終了後、聴衆たちは韓国日報ビルの隣にある日本大使館に向けてデモ行進をやろうということになった。

このデモが戦争犠牲者への補償を求める一定の集団行動としては最初のものであった、と言われていることは興味深い。日本人が訪韓して日本政府相手の裁判を呼びかけ、その結果日本大使館にデモがかけられたのである。以来、この種のデモは頻々と行われるようになる。宮澤訪韓の際に天皇のワラ人形を焼き、大使館に生卵を投げた反日デモも、元をただせばこの日のデモに行きつくと言うこともできよう。

それから二カ月近く後の九〇年五月、盧泰愚大統領訪日にあたって遺族会は日本大使館前で二週間の坐り込みを行う。さらに六月から七月にかけて、遺族会は釜山にある日本総領事館からソウル日本大使館まで、犠牲者の遺影を首にかけた徒歩行進を行った。

こうした間に、訴訟の準備の方は遺族会の顧問弁護士が協力するということも余りなく、結局大半が青柳氏らの手によって行われたという。十月二十九日、東京地裁に二十二人の韓国人遺族らが日本政府を相手に、公式陳謝と賠償を求める裁判を提訴した。

日韓条約は〝高利貸しの証文〟か

ところが、青柳氏らと遺族会の関係がこの提訴直後からおかしくなる。提訴のために来日していた遺族会幹部が帰国するや、遺族会側は今後は組織として青柳氏らには協力できないと通告するのだ。この間の事情について遺族会に取材をすると「青柳氏らは弁護士でもないし、あくまで裁判は遺族会の活動として行いたいので、関係を断った」との説明であった。

青柳氏らと別れたあと遺族会は、フリージャーナリストで九〇年六月の大行進以来、取材を続けていた臼杵敬子氏らが九〇年十二月に作った「日本の戦後責任をハッキリさせる会」との提携を強めていく。同時にサハリン残留韓国人問題などに関係していた高木健一弁護士とも遺族会は接触する。高木氏が遺族会から相談を受けたのは九〇年の十一月近辺というが、九一年八月に高木氏らが中心となった「戦後補償国際フォーラム」が東京で開催されると、これに遺族会のメンバー五十三人が参加し、日本国内を日本人支援者らと共にデモ行進したりした。日本のマスコミが戦後補償問題を大きく扱うようになるのは、実はこのフォーラムの頃あたりからだ。

そして、昨年十二月六日、高木弁護士が主任弁護人となり、遺族会の会員三十五人が原告となった「アジア太平洋戦争韓国人犠牲者補償請求」の提訴が東京地裁になされるのである。この裁判は、九〇年十月の提訴に次ぐものとして、一般には第二次訴訟などと呼ばれ、新聞もそういう書き方をしているが、実際には青柳氏らが行った訴訟とはその主体が明確に異なる。遺族会自体が現在、三つに分裂した状態になってしまっているのだ。今年二月、光州支部が中心となって青柳氏らの支援を受けた千百人訴訟が新たに提訴されている他、江原道にも別のグループがいるという。

この「第二次訴訟」には元従軍慰安婦だった女性三人が原告として加わっており、以降の日韓マスコミの報道ぶりはご存じの通りだ。

ところで高木弁護士らは、こうした個人補償請求裁判で何を訴えているのか。要するに彼らは、六五年の協定で解決したのは国対国のレベルであって個人対国家間の請求権は残っていると主張しているのだ。彼らがその根拠としているのは外務省の国会答弁である。外務省は国家が放棄できるのは、個人の請求権を保護する外交保護権だけだという立場をとっている。つまり韓国人は日本に対して個人請求を行うことができるが、その請求がもし認められないことがあっても韓国政府は彼らを保護する権利を日本政府に対して行使できない――外務省の言っていることはそういうことなのだ。

そこで、高木氏らは韓国人の個人請求権自体は決して失われておらず、従って補償を受ける権利も残っているのだと主張しているわけだ。

さらに高木氏は、六五年の協定そのものが当時の韓国政府の不安定な状況に日本がつけこんだ〝高利貸しの証文〟のような条約だと言い切る。韓国の遺族会も同様の主張をしている。例えば、遺族会の梁順任常任理事は、私が、なぜ日本からすでに五億ドルの補償を貰っている韓国政府ではなく、日本政府を相手に提訴するのかと尋ねたところ次のように答えている。

「六五年の条約は認められない。なぜなら、日本の犯した戦争によって五十年間苦痛を受けてきた我々犠牲者に対する真の救済になっていないからだ。日本はこの間我々に何をしてくれたというのだ。無償三億ドルというが、そんな少額では、たとえ全額を犠牲者への補償に当てたとしても足りないし、だいたい三十六年間の日本の支配によって表現することさえできない苦痛と被害を受けたのは、我々太平洋戦争犠牲者だけではない。

一九六五年の協定は強者日本が弱者韓国に強要したもので、そんなものを千回結んでも我々は認めない」

主権国家として日本と条約を結び、五億ドルを受け取った韓国政府の立場を事実上無視し「日本国」対「韓国人個人」という次元に問題を持っていっている点は、青柳氏、高木氏、遺族会ともに共通である。

そもそも従軍慰安婦の問題が韓国でクローズアップされてくるきっかけを作ったのは、反政府系の『ハンギョレ新聞』に九〇年一月、四回にわたって連載された尹貞玉・梨花女子大学教授（当時）の「『挺身隊』怨念の足跡取材記」という記事だった。これまで日本人研究者らの手によって明らかにされていた情報をもとに、尹教授は北海道、沖縄、タイ、パプアニューギニアなどを訪れ、元従軍慰安婦二名の話を聞いたり、関係者の証言や資料を集めたりという取材を行った。そしてその取材の成果を連載記事の中で生々しく伝えたのである。尹教授の記事は、日本ではすでに大半が活字化されている内容で、それほど目新しいものとは言えなかったが、韓国においては、それまで従軍慰安婦についてほとんど報じられたことがなかっただけに大きな反響を呼んだ。五月に盧泰愚大統領の訪日を控え連載時期のタイミングも良かった。

一方日本では、五月の盧大統領訪日の際の要請により「朝鮮人強制連行者」名簿の調査が始められた。六月の参議院予算委員会で社会党の本岡昭次議員はこの調査について質問を行い、強制連行された人々の中に従軍慰安婦もいたのではないかと糺《ただ》した。それに対して答弁に立った労働省局長の不用意な発言が、事態を悪化させるきっかけとなるのだ。

局長は「徴用の対象業務は国家総動員法に基づく総動員業務であり、法律上各号列記されている業務と従軍慰安婦の業務とは関係ない」「従軍慰安婦については古い人の話を総合してみると、民間業者がそういう人々を連れ歩いたようで、その関係については実情を明らかにすることができかねる」と答えたのだ。旧軍の事務を引き継いだ官庁がないこともあって、この時点で日本政府は従軍慰安婦制度について事実関係をまったくつかんでいなかった。しかし、前線で「慰安所」が営業されるためには軍の関与が不可欠なことは常識だ。きちんとした調査もせず「民間業者が……」などとしたことで、あたかも日本政府が軍の関与を否定したかのように取られてしまったこの局長答弁の責任は軽くない。

朝日が書かなかった「事実」

こうした日本政府の答弁に対し、尹氏などから激しい抗議の声があがった。反発した韓国の各女性団体は結束し、十月、海部総理に、日本政府が朝鮮人女性を従軍慰安婦として強制連行した事実を認め、謝罪し、本人や遺族に対して補償することを求める公開書簡を送りつけた。

この書簡に対する日本政府の対応は鈍かった。また返答も事実関係の確認ができないというそっけないものだったため、韓国側の反発をなおさら煽る結果となってしまう。そうしたゴタゴタの続くなか、翌九一年の八月十四日、日本政府と女性団体とのやり取りに刺戟され、元従軍慰安婦だった金学順という女性が初めて実名で記者会見を行った。

この女性が十二月の高木弁護士らの提訴した裁判の原告の一人となり、日本にもやってきて各地を講演したりテレビや新聞のインタビューに答え、従軍慰安婦問題に対する関心を著しく高めたのはよく知られている。高木氏の提訴においても、三人の元慰安婦の中で唯一彼女だけが実名を公表している。

韓国で初めてマスコミに名乗り出たこの女性の存在を特種としてスクープしたのは日本の朝日新聞だった。大阪本社に所属する植村隆記者が八月十日ソウル発で送ってきた記事がそれである。植村記者は、ソウルで実名記者会見が開かれる四日も前に、この女性の存在を摑んでいたことになる。

もちろん植村記者はこの十日付の記事では彼女を匿名で扱っていた。「女性の話によると、中国東北部で生まれ、十七歳の時、だまされて慰安婦にされた。二百人〜三百人の部隊がいる中国南部の慰安所に連れて行かれた」と報じ、またリード部分では「女子挺身隊」の名で戦場に連行されたとも書いている。

植村氏はその後もこの従軍慰安婦問題について非常に熱心な取材を続けたようだ。提訴後の十二月二十五日には、今度は「弁護士らの元慰安婦からの聞き取り調査に同行し、金さんから詳しい話を聞いた」として長文の署名記事を書いている。その記事の中で彼は金さんがどのような経過で慰安婦にされたかを次のように証言構成した。
「私は満洲（現中国東北部）の吉林省の田舎で生まれました。父が、独立軍の仕事を助ける民間人だったので満洲にいたのです。私が生後百日位の時、父が死に、その後、母と私は平壌へ行きました。貧しくて学校は、普通学校（小学校）四年で、やめました。その後は子守をしたりして暮らしていました」『そこへ行けば金儲けができる』、こんな話を、地区の仕事をしている人に言われました。仕事の中身はいいませんでした。近くの友人と二人、誘いに乗りました。十七歳（数え）の春（一九三九年）でした」

植村記者は韓国への留学経験もあり、韓国語にも堪能な記者である。昨年六月にはその留学体験を記した本も出版している。

そんな植村記者の書く金さんの体験は、悲惨の一語につきる。「地区の仕事をしている人」に騙されて、わずか十七歳で従軍慰安婦にされた――従軍慰安婦制度の残酷性を告発するのに、これ以上の体験はないと言えるだろう。

ところがである。こうした植村記者の記事は実は重大な事実誤認を犯しているのだ。しかもそれはどう考えても間違えようのない類の誤認である。

金さんが会見をした翌日、韓国各紙はこれを大きく扱った。すでにその記事の中で金さんの経歴について、韓国紙は「生活が苦しくなった母親によって十四歳のとき平壌にあるキーセンの検番に売られていった。三年間の検番生活を終えた金さんが初めての就職だと思って、検番の義父に連れられていった所が、北中国の日本軍三百名余りがいる部隊の前だった」(『ハンギョレ新聞』九一年八月十五日)とはっきり書いているのである。

もちろん、たとえキーセンとして売られていったとしても、金さんが日本軍の慰安婦として苦汁を舐《な》めたことに変わりはない。しかし、女子挺身隊という名目で明らかに日本当局の強制力によって連行された場合と、金さんのケースのような人身売買による強制売春の場合では、日本軍ないし政府の関与の度合いが相当に違うことも確かだ。それはとりもなおさず、記事を読む人々に従軍慰安婦というものを印象づけるインパクトの違いとなる。まして「挺身隊」イコール「慰安婦」という俗説(これについては後で詳述)が通用している韓国のことを考えれば、金さんが挺身隊という名目で、日本の国家権力によって強制的に連れていかれたかどうかは、事実関係の上で最も重要なポイントの一つだろう。会見の四日も前に金さんの存在をスクープした植村記者が、そうした事実を果たしてほんとうに知らなかったのだろうか。まして、提訴後の弁護士同行取材の折にも、韓国語に堪能な植村記者はそうした韓国内の報道を知らずにいたのだろうか。

それだけではない、高木弁護士たちが十二月六日に東京地裁に提出した訴状にも金さんは「十四歳からキーセン学校に三年間通ったが、一九三九年、十七歳(数え)の春、『そこへ行けば金儲けができる』と説得され、（中略）養父に連れられて中国へ渡った」ことが、しっかり記されているのである。

これでは、植村記者はある意図を持って、事実の一部を隠蔽しようとしたと疑われても仕方がないと私は思う。まして最も熱心にこの問題に関するキャンペーンをはった朝日新聞の記者が、こうした誤りを犯すことは世論への影響から見ても許されない。

とにかく朝日新聞の従軍慰安婦問題に対する熱心ぶりには目をみはるものがある。提訴の時期あたりから記事をいくつか拾い出してみても、

「責任とらぬ46年許さない　来日の韓国女性、従軍慰安婦問題を批判」（十一月十六日）
「従軍慰安婦問題、共同で　韓国・北朝鮮・日本の女性がシンポジウム」（十一月二十七日）
「従軍慰安婦にされた朝鮮女性、半世紀の『恨』提訴へ」（十二月一日　大阪）
「問われる人権感覚　制度の枠超え真の補償を　韓国人従軍慰安婦の提訴」（十二月六日）
「金学順さん囲む市民集会、大阪・神戸で」（十二月六日　大阪）
「『恨』の半世紀　決意の訴え『胸痛い、でも話す』元従軍慰安婦提訴」（十二月六日）
「あの日に思い…複雑」（十二月八日　大阪）
「従軍慰安婦の悲劇を伝えたい　金学順さん囲み、堺でも聞く会」（十二月十日　大阪）
「従軍慰安婦（ことば）」（十二月十日）

「金学順さんの痛み分かとう（声）」（十二月十一日）
「韓国の団体が日本に抗議　従軍慰安婦問題」（十二月十二日）
「朝鮮人慰安婦のこと学びたい　資料集に入手希望続々と」（十二月三十日）

といった具合で、特に提訴の日の見出しなどは、原告団の主張をそのまま代弁しているような感じだ。また、各運動団体の電話番号などを記事の中に入れて、宣伝に一役かってさえいる。

「小学生慰安婦」の真相

朝日に限らず、日本のどの新聞も金さんが連行されたプロセスを詳しく報ぜず、大多数の日本人は当時の日本当局が権力を使って、金さんを暴力的に慰安婦にしてしまったと受けとめてしまった。そしていまや金さんは従軍慰安婦のシンボルにまで祭り上げられている。くり返すが、人身売買による強制売春であっても人権が著しく侵されていることには変わりはなく、その意味で金さんは被害者であり、深く同情する。しかし、そのことと事実を正確に伝えることは別問題であろう。

さらに、私の取材によれば、この植村記者は、今回の個人補償請求裁判の原告側組織である「太平洋戦争犠牲者遺族会」のリーダー的存在、梁順任・常任理事の義理の息子なのだ。植村記者は梁常任理事の娘の夫なのである。つまり、彼自身は今回訴えた韓国人戦争犠牲者の遺族の一員とも言えるわけで、そうであればなおのこと、報道姿勢には細心の注意を払わなくてはならないと私は思う。たとえ仮に自分の支持する運動に都合の悪いことでも、事実は事実として伝えてくれなければ、結局問題の正しい解決にはつながらないのである。

そのような観点から韓国マスコミの「誤報」についても指摘しておきたい。宮澤訪韓の直前（一九九二年）一月十四日、韓国マスコミは一斉に「小学生までが女子挺身隊にされた」と報じ出した。韓国では一般に「挺身隊」イコール「慰安婦」と理解されているため、小学生まで性的犠牲に供したということで、日本非難はいやが上にも高まってしまった。しかし、この報道の実態は、一九四四年に当時のソウル市内の小学校から六人の女子児童が富山県の軍需工場に「女子挺身隊」として派遣されたというものであって、「女子挺身勤労令」の条文に書いてある通りの勤労奉仕に過ぎなかった。当時彼女たちを送り出した日本人教師の池田正江さんが、そのことを気にかけて昨年の夏に教え子を訪ねて韓国にやってきたことが、この話の元となったのである。

その話を年末に知った聯合通信の金溶洙記者は、三月までに詳しく取材をして記事にしようと考えていた。だが、一月十一日付の朝日新聞が部隊内の慰安所設置等に軍が関与していたことを示す資料の存在を大きく報じ、この記事を受けて日本政府が従軍慰安婦問題に対する初めての謝罪を行ったため、金記者は慌てて池田さんに国際電話で取材するなどして記事を書いたという。金記者は「この六人の児童が慰安婦でなかったことは知っていたが、まず勤労挺身隊として動員し、その後慰安婦にさせた例があるという話も韓国内では言われているので、この六人以外で小学生として慰安婦にさせられた者もいるかもしれないと考え、敢えて『勤労挺身隊であって慰安婦ではない』ということは強調しないで記事を書いた」と語っている。

しかし、この金記者の記事によって多くの韓国人は今でも「小学生が慰安婦にされた」という事実が確認されたものと信じているのだ。現に『東亜日報』の十五日の社説は「十二歳の小学生まで戦場での性的おもちゃにして踏みにじった」と書いて読者の感情を刺戟した。

またこの問題と関連して、今年(一九九二年)一月初め、韓国のある大学教授が記者会見を行い、韓国人従軍慰安婦動員は、天皇の署名のある勅令を根拠に行われたとして一九四四年に出された「女子挺身勤労令」の全文を公開した。韓国の新聞、テレビはこぞってこれを大きく扱い、従軍慰安婦動員は日本の国家権力の丸抱えだったと日本の責任を追及した。おまけに日本のテレビまでが、このニュースをそのまま引用報道している。しかし、これなどは明らかな誤りである。この勅令は歴史年表にも出てくるような周知のもので、日本人女性にも等しく適用され、工場等での勤労奉仕に動員したのだ。韓国人従軍慰安婦動員にこの勅令が用いられたことを示す証拠があれば別だが、条文を示すだけではニュースでもなんでもない。従軍慰安婦とはなんの関係もないのである。ここまでくると誤報というより、余りに不勉強としか言いようがない。ニュースの価値すらないものをニュースに仕立てる。まさにセンセーショナリズムそのものだ。

そもそも挺身隊と慰安婦は制度としてまったく別のものである。それが韓国においてはほぼ同一視されてしまっている。韓国の報道にこうした誤報が頻発し、また慰安婦問題が韓国人の感情をこれだけ刺戟するのも、女子挺身隊で連行された朝鮮人女性は、大半が慰安婦にされたと韓国人が思い込んでいるためである。

この点で、日本側のマスコミも挺身隊と慰安婦とを安易に結びつけることだけは、厳に戒めなければならない。そうしないと韓国人の誤解をますます深めてしまうことになる。

ところが実態は正反対なのだ。韓国通の植村記者でさえ、金さんの存在を伝える第一報のリード部分に事実でもないのに平気で「挺身隊」と書く。朝日は、あの新資料発見をスクープした一月十一日紙面でも「従軍慰安婦」の用語解説に「主として朝鮮人女性を挺身隊の名で強制連行した」と明記している。これでは誤解を正すどころか逆に煽っているようなものだ。だいいち、いままでのところ挺身隊という名目で慰安婦にされた韓国人女性は一人も見つかっていないのである。

いまや韓国のマスコミなどでは宮澤首相の訪韓と謝罪を受けて、従軍慰安婦をはじめとする戦争犠牲者に対して当然日本政府はしかるべき賠償・補償をすべきだという論調が支配的である。韓国政府もこうした世論の支持を背景にかなり強硬な姿勢を取りはじめている。宮澤訪韓直後の一月二十一日には従軍慰安婦問題に関して各省庁の実務責任者会議を開き「元従軍慰安婦問題について、日本政府に対し、徹底した真相究明とこれに伴う適切な補償などの措置を取るよう求めるとの方針を決めた。会議では、六五年の日韓条約締結当時と状況が変わったとの立場を確認した」(『朝日新聞』一九九二年一月二十二日付)という。

補償は一九六五年に完全に解決

もしこの朝日の記事がほんとうであるとするなら、これは日韓両国にとって深刻な事態である。本来、この従軍慰安婦問題を考える際は、二つの議論をまずきちんと区分けする必要があると私は考えている。即ち条約上の権利・義務という観点と、人道主義的支援という観点だ。そして前者の立場から言えば、一九六五年の「請求権並びに経済協力に関する協定」によって日韓間にはもはや補償問題は存在しないと考えるのが妥当なのである。それをもし韓国側が認めないとなると、これは日韓外交関係の根底を否定するような議論といわざるを得ない。以下、そのあたりの議論について若干の解説を加えようと思う。

日本の敗戦によって日本の朝鮮支配は終了する。一九五一年のサンフランシスコ講和条約によって日本は朝鮮の独立を承認し、国と国、国と国民(法人を含む)、国民と国民の間の財産、債権、請求権に関しては特別な取り決めを結んで処理することとなった。韓国は亡命政権の活動などを根拠に戦勝国としサンフランシスコ条約に加わりたかったのだが、連合国側はそれを認めなかった。そのため同条約二十一条で日本が支払いを約束した「戦争で受けた物質的損害と精神的損害に対する賠償を受ける権利」は認められなかった。わかりやすく言えば、韓国については分離独立に伴う両国国民間の未清算部分の清算だけが認められたのだ。

一九五二年から始まった日韓交渉では、この財産、債権、請求権に関する交渉がひとつの大きな柱となった。韓国側は日本に対して八項目の「対日請求権要綱」を提示した。

①朝鮮銀行を通して搬出された地金返還
②日本政府の対朝鮮総督府債権の返還
③日本降伏後に韓国から送金された金品の返還
④韓国に主事務所を置いていた法人の在日財産の返還
⑤韓国法人または韓国自然人の日本国または日本国民に対する日本国債、公債、日本銀行券、被徴用韓国人の未収金、補償金及びその他の諸請求権の弁済（本項の一部は下記の事項を含む。1日本有価証券　2日本系通貨　3被徴用韓国人の未収金　4戦争による被徴用の被害に対する補償　5韓国人の対日本政府請求恩給関係その他　6韓国人の対日本人または法人請求　7その他）
⑥〜⑧は略

この中の⑤の3～7が、戦争に動員された韓国人の補償と関連があるわけだ。ちなみに「⑤の7その他」に関しては注目すべき情報を関係者から聞いた。交渉の過程で韓国側自らが「その他」の中身は「今後起こりうるかもしれない諸問題」であると主張していたというのだ。だとすれば現在韓国内にある「従軍慰安婦は六五年当時議論されなかったのだから新しく請求できる」という主張は当時の韓国側の解釈と矛盾することになる。

一方日本側はこの八項目要求に対して、根拠のあるものは支払う準備があるが、立証責任は韓国側にあるという立場をとった。その上で日本側の要求として、日本人の在韓私有財産に対する補償を求めた。どちらが多いかを計算すると日本側の取り分の方が多いという主張だったのだ。当時日本人の在韓財産はすべて米軍が没収し韓国政府に委譲しており、日本はサンフランシスコ条約でその効力を承認していた。しかし、一九〇七年制定のハーグ陸戦法規によれば、占領軍も占領地の私有財産を没収することはできないとされているから、日本人の私有財産に対する対価は当然請求できるという理屈だった。日本は一九五七年にアメリカ政府の解釈に従いこの主張を取り下げたが、その時韓国側の取り分を計算する際、日本人の私有財産が韓国政府のものとなった点を「関連あるもの」として考慮するという了解を取りつけることに成功した。

その後、一九六一年に政権の座についた朴正熙大統領の強力なリーダーシップの下、この問題は実務レベルを離れ、経済協力と抱き合わせの形で一括解決されることとなった。それが一九六五年日韓国交回復の際に締結された「財産及び請求権に関する問題の解決並びに経済協力に関する日本国と大韓民国との間の協定」である。

この第一条で日本は韓国に無償で三億ドル、長期低利の借款を二億ドル、十年間にわたって供与することが決められた。またそれ以外に日本からの三億ドル以上の民間借款の提供も約束された。ただし、このうちいくらが韓国への未清算部分の支払いなのかはまったく明らかにされていない。第二条では韓国の独立に伴う未清算部分の解決が終了したことに関して次のように書いている。

「1　両締約国は、両締約国及びその国民（法人を含む）の財産、権利及び利益並びに両締約国及びその国民の間の請求権に関する問題が、一九五一年九月八日にサンフランシスコ市で署名された日本国との平和条約第四条（ａ）に規定されたものを含めて、完全かつ最終的に解決されたこととなることを確認する」

その上この協定について合意された議事録の中には、

「協定第二条に関し、同条1にいう完全かつ最終的に解決されたこととなる両国及びその国民の財産、権利及び利益並びに両国及びその国民の間の請求権に関する問題には、日韓会談において韓国側から提出された『韓国の対日請求権要綱』（いわゆる八項目）の範囲に属するすべての請求が含まれており、したがって、同対日請求要綱に関しては、いかなる主張もなしえないこととなることが確認された」

と記されているのだ。こうした条約を読めば、無償有償五億ドルを韓国政府にまとめて供与することによって韓国人戦争犠牲者への補償もすべて終了したということは明白である。当時、日本の外貨準備高は十八億ドルであった。五億ドルという額は日本にとっても大変な金額だった。

一体誰のための裁判か

高木氏や青柳氏は、国家対個人の請求権は残っているとして、提訴に踏み切っているが、しかし、日本政府は同協定を受けて「大韓民国等の財産権に対する措置に関する法律」を国会に出し成立させている。そこでは、日本の国内法によって韓国とその国民の日本に対する財産、権利、利益を消滅させている。要するに韓国人個人の実体的請求権はこの法律によってなくなっているのである。現在残されているのは韓国人が裁判所に提訴するだけという意味での「個人請求権」だと言ってよい。

従って高木氏や青柳氏の支援を受けて日本政府を相手に韓国人が起こしている補償請求裁判

は、私の見るところすべて敗訴する可能性が極めて高い。六五年の協定もその根拠だが、それよりも一九七七年に台湾人元軍人・軍属が起こした同様の裁判の判例を見れば、なおさら結果は明白と言える。

韓国の場合と異なり日本は中華民国と国交を結んだ際、請求権問題は後日別途に取り決めると約束したきりにし、北京政府に国交の相手を乗り換えてしまった。そういう事情があるにもかかわらず、裁判所判決は「誰に戦後補償を行うのかは、その国政府の裁量権の問題である」とする国側の主張を支持し、地裁、高裁とも台湾人側の請求を退けている。ただ「道義上の責任」という考え方から、八七年、国会が議員立法をつくり戦死者、重傷者約三万人に二百万円の弔慰金を支払うことにしたのである。

青柳氏や高木氏など、今回の裁判を支援している日本人たちも、裁判そのものに勝訴するというよりは、裁判を提起することによって世論を盛り上げ、議員立法のような形で補償を実現したいと考えていると思われる。おそらく先の台湾のケースをモデルとして念頭においているだろう。しかし台湾の場合はそれまで一銭も支払っていなかったという事情があり、その上原告らは一切反日的な言動をとらず、ただただかつての戦友に冷たいではないかという姿勢を取りつづけた。現在の韓国人の対応ぶりとは正反対だったのだ。そういう台湾人の態度が保守層を広く含む広範な支援の声を呼び起こした。保守層の韓国嫌いを急増させてしまった今回とはまるで大違いである。

一方、韓国の政府・国民ともにこの裁判の行方に高い関心を持つようになっている。このまま進むと、光華寮事件の時のように裁判の動向が外交問題化していかないとも限らない。そこへ今回のような両国マスコミの誤報が重なれば、いよいよ日韓両国民間のミゾが深まることは火をみるより明らかだ。

しかし、そうした結果を招いた責任は日本政府の側にもある。日本政府が事態の全体像を調べもせずに、その場しのぎの謝罪を繰り返しつづけてきたことが問題なのだ。謝れば相手は当然のこととして金銭的な償いを求めてくる。昨年（一九九一年）八月に東京で開かれた「戦後補償国際フォーラム」の席上、実行委員会を代表して挨拶した高木弁護士は、

「昨年から海部首相は、韓国に謝罪し、北朝鮮にも謝罪し、ASEANにも謝罪し、中国にも謝罪するという。しかし、謝罪があれば補償があるべきだという当然の論理を戦後四十六年間、いまだに実現できずにいる。この現実を私たちの問題として考えなくてはいけない。今回の『フォーラム』を、戦後補償の大きな始発点としなければならない」

と述べている。高木氏にしても青柳氏にしても、戦争被害を受けた朝鮮人すべての者に対して、日本は個人個人に陳謝をし補償をしなければならないという思想の持主である。彼らはそうした考えが、主権国家韓国政府の存在を徹底的に無視する植民地宗主国的発想だということ

にまったく気がついていない。そもそも植民地支配の被害者を特定の個人に限定できるのだろうか。程度の差はあれ韓国民全部が被害を受けたことは間違いない。だからこそ日本は六五年に韓国政府に対してまとめて補償を行ったのだ。もし、高木氏らが言うようにあの時の協定が無効だとしたら、日本が払った五億ドルは一体なんだったのか。

青柳氏や高木氏のような日本人たちはこれからもさまざまな過去の問題を取り上げてくるだろう。青柳氏らは八九年の段階で、実に十四の事件に関して日本政府に賠償を求める裁判を起こす計画を持っていた。その中には「慰安婦として戦場に駆り出された女性」への裁判も含まれていたのだ。

こうした裁判は本当の意味で被害者の人たちのためであるとは言えないのではないか。日本人である青柳氏や高木氏らは、日本の「悪」「不正義」を糾弾すること自体にその目的を持っているのだ。日本を告発してくれる存在としてのみ韓国人を捉えているからこそ、韓国政府の主体的な政策判断を無視してしまえるのだろう。しかし、日韓両国政府が協力して取り組まない限り、被害者への援護が進まないのは明らかだ。そうした意識は、朝日新聞をはじめとした日本のマスコミにもある。彼らもまた日韓関係の正常な発展など考えもせず、日本人として過去を裁きたいと望んでいる。もしほんとうに日韓関係の未来志向的発展を願うなら、いたずらに日韓双方の嫌韓、反日感情を煽るだけの今回のようないい加減な報道はしないはずである。

隠されている日韓友好の歴史

一方、日本政府の対応の拙劣さも一向に変わらない。そういう歪んだ構図で登場してくる過去の問題に対して、これまで日本政府はなんら主体的な行動をとってこなかった。何か問題が出てくるたびに、資料がなくて事実関係が不明と答え、韓国政府の要求や日本のマスコミの新資料発見に押されて、謝罪するということを繰り返してきた。なぜ日本政府はそうした対応しか取れないのか。その一番の原因は、植民地支配の全体像を日本の立場できちんと捉え直す作業をこれまでまったくしてこなかったからだ。

日本政府は早急にカネとヒトを投入して、本腰を入れた植民地時代研究をはじめるべきである。過去の過ちを謝罪し、反省するためにはまずそれをきちんと自分の手で調べてみる必要があるのだ。その結果なすべきことがあれば、韓国側から要求されなくともやるべきだ。逆にいくらやれと言われても、出来ないことは出来ないと積極的に説明しなければならない。

韓国側関係者にも考えてもらいたいことがある。日本からの五億ドルの資金は、農業近代化、浦項製鉄所建設、中小企業育成、科学技術開発、昭陽江多目的ダム・京釜高速道路建設などに投入され、六六〜七五年の十年間に経済成長寄与率二〇パーセント、経常収支改善効果年平均八パーセントという実績を生み出した。「漢江の奇跡」と呼ばれる朴政権下の急速な経済成長に、過去の清算を目的として日本が提供した資金が有効に活用されたということは、日韓両国関係者の努力の結果として高く評価するべきだ。

一方、民間人に対する補償は日韓国交回復後十年間延期された後、七五年に「軍人、軍属または労務者として召集され一九四五年八月十五日以前に死亡した者」が対象となり、その直系遺族約九千五百人に三十万ウォンが支払われた。負傷者を含む生存者にはまったく何もなされていない。ある意味でいえば、韓国人戦争犠牲者たちは経済発展という国家民族の大事のために多少我慢させられてしまったということだ。別の言い方をすれば、韓国政府は戦争犠牲者を含む国民全体が絶対的貧困から解放されるために日本からの資金を使うという選択をし、その政策は目標を達成したのだ。

ところが大多数の韓国人は、日本からの資金がどのように使われ、いかなる効果を上げたかをまったく知らされてこなかった。マスコミも書かないし、学校でも教えていない。六五年に国交が回復して以来、両国関係者の努力により日韓両国はさまざまな紆余曲折はあったが友好と協力を積み上げてきたことは確かだ。その肯定的側面についての議論が少な過ぎはしないか。日本が植民地時代にいかに残虐な弾圧をしたのかをロウ人形で再現している独立記念館を訪れるたびに思うのは、六五年の国交回復以降の協力関係についてなぜ展示がないのかということだ。日本人は戦前の歴史をもう少し知る必要があるが、韓国人にも六五年以降の歴史にもう少し、目を向けてもらえないだろうか。

現在問題となっている元従軍慰安婦などの韓国人犠牲者に対する対策も、むろんこれまで日韓両国が築いてきた協力関係の上で考えられるべきだ。その際、両国マスコミの責任は重大だ。第一になぜマスコミは六五年の協定の中身をきちんと報道しないのか。それなしには、この問題の建設的議論はなし得ない。第二にとにかく事実を捩《ね》じ曲げた報道はしないようにして欲しい。八二年の教科書問題の時もそうだったが、なんであれ事実を曲げて報道すれば事態は悪化するばかりなのだ。従軍慰安婦問題についても、まず両国民が問題の全体像を冷静に把握することが先決である。

そしてその後に、現在の時点でそれらの方々が何を必要としており、どのような対策が立てられるべきなのかに関して、韓国側のイニシアティブの下で調査をしてもらいたい。その結果、立てられた対策に対しては、ぜひ日本側でできることを協力したい。日本政府の持っている名簿の引き渡し、遺骨収集、慰霊事業などは政府レベルでの話し合いさえあれば具体的な解決策は見出せるはずだ。そして犠牲者への援護措置としては基金作りなどが考えられるが、その際は日本の民間の参加があるべきだろう。私を含めて貧者の一灯を投じたいと考えている日本人は少なくないことを強調しておきたい。

警察OB　大いに怒る

（『諸君！』一九九二年八月号）

上杉千年《うえすぎちとし》（歴史教科書研究家）＋『諸君！』編集部

イギリスの作家・ジョージ・オーウェルは、「ペンの自己規制」というエッセイの中で、「重要なのは偽造が行われるということではなくて、その事実を知っても左翼の知識人は一般になんらの反応も示さないという点である。真理を教えるのは『まずい』とか『利敵』行為だという議論には口をつぐまざるをえないと考えられており、大目に見のがした嘘が新聞から歴史書へ流れ込むという予想に心を痛める人間はほとんどいない」と書いている。

さて、新聞から歴史書の例ではないが、上杉の調査では、平成最初の新指導要領により作成された中学校教科書の歴史的分野の記述には、政治的に策定された検定方針が如実に現れている。たとえば中学校の『教育出版』の「学習のまとめ」には、「日本はなぜ中国・東南アジアを侵略し、またその相手にどのような被害を与えたのかまとめてみよう」とある。こうした動きは、昭和五十七年夏、高校教科書の原稿本に「侵略→進出」の検定・修正があったという誤報に端を発した文部大臣談話が、そもそものきっかけであるが、この談話にもとづく「国際理解と国際協調」の追記された「検定基準」により策定された「検定方針（案）」の実態は、じつは「侵略」用語や「南京事件」「強制連行」などには、原則的に検定意見を付さないというものであった。すでに昭和五十九年の中・高教科書には、中国側が主張するだけで何の根拠もない南京事件の虐殺者数三十万説が登場しているのである。

アジア諸国にどのような被害を与えたかをまとめてみることは、なるほど必要な教育であろう。しかし、それは歴史的な検証に耐え得る事実にもとづいて行われねばならない。そして今日、その見地から気になるのは、最近注目を集めた従軍慰安婦問題の扱いである。これも上杉の調査だが、すでに中学段階で二冊の新教科書に関連の記述がみられる。中学生を対象に、それはどのように記述されているのだろうか。

「朝鮮からは約七〇万人を強制的に日本内地に連行して鉱山などで働かせ、若い女性も『挺身隊』として強制動員しました」（『大阪書籍』二六二頁）

この記述は一見、昭和十九年八月二十三日付けの『女子挺身勤労令』による「女子挺身隊」

を示す表現のようにも思われる。しかし、韓国側が従軍慰安婦を女子挺身隊と呼称し、わが国の中にもこれに同調する風潮があることを考えると、どのような指導がなされるか、いささか不安なしとしない。

さらに、

「多くの朝鮮人などの女性も、挺身隊などという名目で戦地に送り出された」（『教育出版』二七三頁）

と表現するにいたっては、これは韓国のマスコミが主張するように、女子挺身隊をはっきり従軍慰安婦と規定しているに等しいであろう。

女子挺身隊の名で従軍慰安婦の徴用が行われていたという事実は、まだ歴史的に確定していない。その事実を明白に示す証言もない。下関と済州島で、朝鮮の婦女子を奴隷狩りのごとく徴用したという加害者側唯一の証言、「吉田清治証言」を除けば、である。

法廷でも偽証？

本誌（平成四年）七月号で、板倉由明氏は、この吉田氏が下関労務報国会の動員部長という経歴のもとに著した二冊の手記を検証し、そこに膨大な疑問点を見出している。内容の一部が相互に矛盾している事実一つを取り上げただけでも、手記の信憑性は揺らいでいるはずなのだが、この手記に疑義を挟むのは〝利敵〟行為になるせいか、証言内容は前記二冊の著書にとどまらず、あたかも周知の事実であるかのごとくに一人歩きを始めているのである。それは、朝日新聞他のマスコミが、例の済州島における奴隷狩りに等しい慰安婦連行の模様を新たに吉田氏の証言として大きくとりあげたことにとどまらない。

吉田氏の労務報国会動員部長としての体験が初めて活字にされたのは、筆者達の知るかぎり、『週刊朝日』昭和三十八年八月二十三日号の「私の八月十五日——応募手記」が初めてで、ここで吉田氏の手記は、下関会社員・吉田東司名で佳作に入選している。佳作ゆえ全文は公表されなかったが、選評にいわく、

「私はそのころ山口県労務報国会動員部長をしていて、日雇労務者をかり集めては、防空壕掘りや戦災地の複旧作業に送っていた。

労務者といっても、そのころはすでに朝鮮人しか残っていなかった。私は警察の特高係とともに、指定の部落を軒並みに尋ねては、働けそうな男を物色していった。

『奴隷狩りのように』と吉田氏自身もいう。その最中にはいったのが終戦のニュースだった。朝鮮人の報復への恐れは、直ちに頭に浮かんだ。

帰宅した吉田氏の家の前には、案の定、二十人ばかりの朝鮮人が集まっていた、動員された朝鮮人の行き先を教えろという」

ついでこの手記は、朴慶植著『朝鮮人強制連行の記録』（未来社刊・昭和四十年）に匿名で紹介されている。

吉田東司氏が「吉田清治」名で、板倉氏のレポートが取り上げた著書A『朝鮮人慰安婦と日本人』（新人物往来社）を世に出すのは、『週刊朝日』の佳作当選から十四年後の昭和五十二年。そしてさらに六年後の昭和五十八年に、第二作、板倉レポートにいう著書B『私の戦争犯罪　朝鮮人強制連行』（三一書房）が出る。この二作の内容に見られる齟齬、矛盾については、ここでは繰り返さないが、じつはこの第二作が上梓される一年前、昭和五十七年の九月と十一月に、吉田氏は吉田清治名で法廷に立ち証言をしているのだ。第一次サハリン裁判、すなわち一九七五年にサハリン在住の四人の朝鮮人が東京地裁に起こした「本邦に帰還する地位にあることを求める」訴訟の原告側証人として自らの体験を縷々述べたのである。内容は、第一作の著書の内容に加え、おそらくこの段階で第二作の草稿が出来上がっていたのであろう、第二作の著書にみられる光州での強制連行と済州島での慰安婦狩りの模様が克明に語られている。

ここで重要な問題は、裁判証言に従軍慰安婦の強制連行という国家関与の実態が語られながら、法廷が、その検証を行っていないことである。吉田氏の証言は、サハリン裁判全体からみれば傍証にすぎなかったせいもあろうが、被告である国側はいっさい反対尋問を試みていない。この裁判証言においても、吉田氏は、済州島での慰安婦狩りは昭和十八年の五月であり、その命令書が妻の日記に書き写されていた、と述べているのだが、この証言と矛盾する、しかもすでに世に出ている第一作手記の内容が法廷で問題になった形跡はなく、裁判自体は和解による解決をみている。この済州島での慰安婦狩りについては、七月号で板倉氏も触れているように秦郁彦教授の実地調査では、何の証拠も上がっていないばかりか、現地の住民もジャーナリストも明確にその事実を否定しているのである。

秦氏の調査の結果が四月三十日付けの産経新聞紙上に載った折、吉田氏も同紙にコメントを寄せているが、氏は、現地の反応が否定的であったことに疑問を呈するのではなく、現地住民は儒教倫理ゆえに従軍慰安婦の前歴を恥じ強制連行の被害体験を否定したのだ、と解説したものだ。現地のジャーナリストと郷土史家まで参画した検証に対して、これはいかにも苦しい弁明ではないだろうか。もし秦氏の調査が正しければ、吉田氏は、その著作で虚偽を書いたに止まらず、法廷での偽証を問われることになるであろう。

ともあれ、吉田氏の従軍慰安婦の徴用に関する著書の内容が、今次従軍慰安婦訴訟の訴状にも記されていることは言うまでもないが、その訴状と先のサハリン裁判における証言とは、この五月末、一般の眼に触れる単行本(『強制連行と従軍慰安婦』日本図書センター)になって刊行されたばかりである。これらは、今後も半ば公的な資料として残り、何ら検証を経ることなくやがて〝貴重な資料〟として定着するであろう。そして教科書に登場する日も、そう遠くはないのかもしれない。

七月号の板倉レポートを受け、『諸君！』編集部が朝日新聞の北畠清泰論説委員に反論の執筆を依頼したところ、氏は「吉田氏自身が答えるのが筋」と丁重に執筆を断っており、その吉田清治氏の反応はといえば、「残り少ない命なのだから、いい加減なことを書く雑誌の取材に応じている暇はない。もう電話をかけてくるな」であった。編集部より吉田氏にお願いしたインタビューの趣旨は、

一、吉田氏の二冊の本には、明らかなフィクションの部分がある。それは二冊を読み比べれば明らかである。

一、手記とはいえ、関係者のプライバシー保護等のために、人物に仮名を使うほかに創作を加えることもあり得るだろう。

一、どの部分が事実でどの部分が創作なのか、を明らかにしていただきたい。

という単純なものだったが、おそらく吉田氏はこれまで、自らの証言内容を鵜呑みにして紹介するメディアにしか接してこなかったのであろう。

いっぽう、七月号の発売と同時に、編集部には吉田氏の戦前の活動の舞台であった下関・福岡方面から、若干の情報が寄せられてきた。

筆者上杉と編集部が、山口県下関方面に取材の足を向けたのは、その幾つかの情報に促され

てのことである。目的は二点あった。一つは吉田氏の自ら描く人生のドラマの検証であり、一つは吉田氏が証言する労務報国会の活動実態の検証である。とはいえ、吉田氏自身のインタビューに代わるだけの成果を期待することは、もとより考えられなかった。検証すべき時代は、五十年近くも前の人々の記憶に縋るしかない。存命者が極端に少ないであろうことが容易に推察されたからである。

朝鮮人の養子は戦死していない

まず、寄せられた情報を頼りにたどり着いた吉田氏の妻（故人）の実家、および幼い頃他家の養女となった吉田氏の実姉、さらに地縁のある人々の遠い記憶から、氏の最初の著書に描かれた戦前のドラマの虚と実が、一部ではあるが明らかになったことをまず報告しておくべきだろう。

板倉氏が前号（平成四年七月号）の公開質問の第一に挙げていた吉田清治氏の本名は「吉田雄兎」であった。おそらく「清治」はペンネームなのであろう。もっとも、先に紹介したサハリン裁判の法廷でも、吉田氏はこのペンネームのまま証言をしているようである（前掲『強制連行と従軍慰安婦』）。

板倉氏が前号で問題にした吉田氏の本籍地については、吉田氏の著書にある山口県ではなく、福岡県であったという。門司尋常小学校（現在の門司小学校）を卒業して門司市立商業学校（現在の門司商業高校）に入学。昭和六年三月にそこを卒業している事実が卒業者名簿で確認された。吉田氏の著書には、山口市で養子を連れて徴兵検査を受けたとあり、板倉氏は、吉田氏が電話で「山口県豊浦郡が本籍地」と答えたため、豊浦郡なら小倉連隊区であるから小倉で徴兵検査を受けたはず、と疑問を呈したのであった（前号参照）。いずれにせよ本籍地が福岡ならば、山口市で徴兵検査を受けてはいないはずだ。この部分の「創作」にどんな意味があるのかは不明である。

吉田雄兎氏の実の姉は、今も下関市内に健在である。ある酒店に嫁ぎ、八十三歳ながら、少し足が不自由なほかはいたって元気で、店頭に座ってタバコの販売やカウンター越しに、ラッキョウなどをつまみに酒を飲む客たちのお相手をしている。

この姉が吉田氏の著書の前半のドラマの虚実を知る上で興味深い事実をあきらかにしてくれた。板倉氏も紹介したところだが、吉田氏の人生が在日朝鮮人の悲劇と交錯するハイライトは、何といっても養子にした在日朝鮮人「永達」が、満州で幸福な結婚をして一年と経たぬ間に召集され、小倉十四連隊の一員として「（昭和十三年）九月一日、間島省二道溝における匪賊討伐作戦中に名誉の戦死をとげた」というくだりであろう。「チチハル在郷軍人会の会長の号令で、永達の遺骨に向かって一分間の黙禱を捧げた」「夜明け前の暗い長白山脈のふもとで日本人になった永達は、朝鮮人の銃弾にたおれた。実父が日本軍によって殺された関東大震災から十五年目の九月一日だった」

よかれと思って養子にした金永達氏が日本軍兵士として戦死し、その命日が関東大震災で日本人に虐殺された亡父と同じであるというめぐり合わせには、たしかに読者に訴えかけるものがある。そして、この折の吉田氏の姿が、昭和十五年、上海の中華航空会社勤務時に、金九など朝鮮人の独立運動家を幇助した咎で憲兵に逮捕されて長崎の刑務所に収監され、出所後は、あろうことか下関労務報国会動員部長として朝鮮人女性を慰安婦狩りせざるを得なくなるという悲劇に連なるのである。

さて、姉の証言によれば、吉田氏が朝鮮人を養子に迎えたというのは事実であった。ところがその姉のもとに「その朝鮮人の養子の人が、太平洋戦争中に、子供を連れて挨拶に来た」と言うではないか。また別の地元関係者は、不確かな伝聞ながら、その養子夫妻は現在も健在なのではないか、とも言っている。実姉のさりげない証言からみて、どうやらこの「永達戦死」のくだりも創作とみて間違いなかろう。とすれば、なにゆえ吉田氏はこんなフィクションを仕立てたのか。とりあえずは著者のその後の労報動員部長としての仕事との相剋を際立たせるため、と解するしかなさそうである（小倉十四連隊戦友会の記録によると、金永達戦死と同じ月の昭和十三年九月二十四日、福岡出身の小田利夫上等兵が戦死している。この偶然には何か意味があるのだろうか)。

吉田氏は、この(平成四年)七月、韓国に何度目かの懺悔の旅をする予定であることが、先に朝日新聞に報じられていたが、そもそも吉田氏が労務報国会動員部長として、朝鮮人の徴用にあたる気持はどのようなものであったのか。そしてそれは戦後、どのように変わったのか。養子「永達」の死はフィクションであるが、朝鮮人を養子にしたことは事実のようである。その時の心境を吉田氏は、第一作の冒頭、極めて唐突に「金永達にたいして民族的な優越感をもって、無造作に自分の思いつき(養子になれという提案)を話しだしていた」と書いているのみである。著書の冒頭二頁目に、金という若者の姿が描かれるほかは何の説明もない、著書全体の中でも不可解極まる導入部である。何か他に子細があったのか。しかし関係者の証言からそのより詳しい事情を知ることはできなかった。

なぜ、朝鮮人を養子にした吉田氏が、下関労報の動員部長になったのか。朝鮮人を徴用することになろうとは思わずに就職したのだろうか。じつはこの就職の経緯についても、吉田氏の説明には食い違いがある。著書によれば「同郷の先輩の世話で」就職しているのだが、先のサハリン裁判での証言はこうである。

「諫早刑務所を出所後、下関の親戚に身を寄せたが、二、三日に一度特高刑事が異常がないか見回りにきた。二、三カ月後、呼び出しを受けて、労務報国会の設立にあたり、他に適任者がいないので、軍法会議にかかるような不忠者のお前が、今後そのお返しに、国のために働けと、半ば強制的に志願するように命じられました」（要旨）

養子の一件が朝鮮人の境遇への同情に発する行為であれば、労報での仕事はさぞ耐えがたいものであったろう。しかし、同じ裁判の証言で、吉田氏はこうも述べているのだ。

「呼び出した朝鮮人は、この国家非常時に国家の役にたたぬ金の儲かる仕事についている。これは非国民で、泥棒より悪い。遠慮なく見付けしだい徴用をかけろ、と部下や警察署員に督励していた。（上からそのように督励しろと命じられてか、との質問に）この業務の責任者になったときから、そういう愛国心というか、職域奉公というか、当時の私はそういう決意と誇りを持ってやっておりました」（要旨）

今日の氏の視点からみれば、確信犯だったということになろう。

ところで、ここに興味深いデータがある。昭和二十二年四月三十日に投票の行われた下関市市議会議員選挙の開票結果である。「吉田雄兎二一九票」。最下位当選者の六五八票に遠く及ばぬ落選であったが、吉田氏は戦後一転、共産党から市議に立候補していたのである。

この転身が、いわゆる戦後百八十度の転向を意味するのか、それともその源は朝鮮人を養子にした若き日に求めるべきなのか。吉田氏の経歴への疑念は深まるばかりである。

学歴と結婚歴の問題

ところで、下関市の取材では、吉田氏が門司商業を卒業して以後の消息を詳しく知る者に出会うことができなかった。とくに大陸での消息についての証言はゼロに等しかった。吉田氏の学歴については、朝日が法政大卒と報じ、吉田氏自身は、秦郁彦氏に法政の法科中退、板倉氏には法政大中退と答えている。しかし、法政大学当局に調査を依頼した結果は、昭和六年以降、法科の入学者の名簿にはその名がないとのこと。門司商業を卒業したあと、吉田氏はどのような人生の経路をたどったのか。氏は本当に中華航空で働いていたのか、また、本当に朝鮮独立運動家を搭乗させた罪で諫早刑務所に服役していたのか、について、吉田氏の実姉も、吉田氏の義弟（故人）の妻も、さだかな記憶はない。

吉田雄兎氏の夫人の実家では、吉田氏の義弟の夫人が健在であった。しかし、彼女がそこに嫁いだのは昭和二十三年であったため、吉田氏の戦前、戦時中の活動についてはほとんど記憶がなかった。吉田氏は、昭和二十年代の末に、事情があってここを離れ、以来三十年近く音信不通になっていた。その後に一度、「妻が亡くなり、浄土真宗で弔った」との連絡があったのだが、当時、まだ生きていた夫、つまり吉田氏の義弟が香典を送ったところ、香典返しが「吉田清治」の名前で送られてきて「これは雄兎さんのことかねえ」と夫婦で話し合ったそうである。それ以降は何の音信もないまま十年以上が過ぎ去ったが、今年になって、彼女はたまたまテレビを見て驚いた。「吉田清治」として画面にでているのは、老いたとはいえ紛れもない死んだ夫の義兄・雄兎氏ではないか。彼女は、新聞の書籍広告に、吉田清治著『私の戦争犯罪』とあるのを目にして、さっそくそれを切り抜いたが、著書そのものはまだ手にしていないという。「雄兎さんは勉強はよくできたみたいですよ」と言い、「たしか戦後下関市の市長選かなにかに立候補したこともあったはずです」と記憶をたどる……。

ところで、下関における地縁・血縁の関係者の誰からも、著書第一作にある「昭和十九年」という結婚の時期に、不審の声のなかったことは付け加えておくべきかもしれない。いっぽう、「昭和十六年に実質的な結婚をしていた」という証言もないかわり、氏の服役の経験を知る人もいない。板倉氏が指摘した吉田氏の二冊の著書をめぐる最大の疑問点は、済州島の慰安婦狩りをめぐる記述の矛盾撞着であり、この問題は、氏の結婚の年や服役の有無と微妙に絡んでいた。

いま一度、問題点を整理しておく。

第一作の内容——昭和十五年から十七年まで服役。昭和十九年に結婚した直後、下関で慰安婦の徴用を命じられた。慰安婦の徴用はこれが初めてであった。

第二作の内容——昭和十八年の五月に済州島で慰安婦狩りを行った。死んだ妻の日記の中に命令書があった。

前号で板倉氏が指摘した矛盾は二点ある。まず、第一に、昭和十八年五月の済州島慰安婦狩りが事実なら、昭和十九年の下関の慰安婦徴用は初めてではないはず。第二に、昭和十八年の命令書を、まだ結婚していない吉田氏の妻は、どのように日記に記したのか。

第一の矛盾点について、これは、どちらかの日付が誤っているか、第一作の慰安婦狩りが初めてとした点が創作であるのか、一方または双方の慰安婦徴用の事実そのものが創作であるのか、のいずれかである。双方の記述をともに真実とみる解釈はありえない。結婚の年が十九年であったとすると、第一作の「慰安婦の徴用は初めて」「結婚したばかりだったから、そんな女を徴用する仕事は汚らわしく云々」の描写は自然である。そうなると済州島のほうはどうなってしまうのか。

第二の矛盾点について、この両著書の記述を読んだだけでは、じつはこれは明白な矛盾だとはいえない。吉田氏がまだ独身の時代に行った慰安婦狩りの命令書を、結婚後に夫人が日記に写したとも解釈できるからである。ところが、吉田氏は、板倉氏の問い合わせにそうは答えなかった。「実質的な結婚は太平洋戦争が始まる前……結婚してから真珠湾攻撃があった」などと答えたものだから、その頃は獄中にいたではないか、それでは服役のほうが嘘なのか、と却って謎が深まる結果となった。そして先程から再三紹介しているサハリン訴訟の証言でも、吉田氏はこの点を次のように述べているのだ。「（妻が）この軍事機密であった命令書を私が出張する前に日記に書き写しておったのが数年前にわかって……」。この文意は、どうみても「私が徴用に出張する前に、妻が日記に命令書を写しておいた」と解釈するしかない。とすると、少なくとも、済州島に出張する時点で同居していなければ不可能であり、残された弁明は、「実質的な結婚」の年を十七年の服役後ないし十八年初めまでのごく短い期間に変更するしかなさそうである。謎は謎のまま確定したと言える。

警官は朝鮮人狩りを手伝ったのか

さて、問題は、吉田氏が労務報国会の動員部長として何をしてきたのか、二冊の著書、及びサハリン裁判の証言の主要部分の検証である。これはある意味で氏の人生のドラマを追う以上に困難をきわめた。というのも、知りえた当時の下関労報の支部長（下関警察署長）はじめスタッフはすべて鬼籍に入っていたからである。

ただ、氏の著書等に記された「出動」の記録をよく読むと、そこには労務報国会のスタッフ以外の人物が頻繁に協力していることがわかる。それは警察官、なかんずく特高である。そこで筆者達は、現在もなお健在な当時の警察署員の記憶と、吉田氏の著書・証言の内容をすり合わせる方法をとることにした。

たとえば、関釜（下関―釜山）連絡船や関麗（下関―麗水）連絡船を使って、朝鮮半島から労務者を輸送する光景を、吉田氏は裁判証言で次のように説明している。

連絡船の「船底がその連中のために準備されていました。大体二〇〇人から多くて三〇〇人くらい詰め込んで収容できる二つの貨物室があって貨物室ですから倉庫の鍵のようなものを外からかけて、外は廊下で船室は窓がありません」「下関に着くと水上警察が港の岸壁全部を警戒して事前に連絡してありますから、そしてそこへ次々と降ろすときは警察の巡査に手伝わせて」降ろし、「下関の沿岸近くの倉庫にいれました」。

その監視は「下関水上警察職員と下関警察署が一定の係員、いつも両方四人ずつ出てた」「だから労務報国会の職員はこの警備をしなくてすんだ」と言う。

もっとも、朝鮮人労務者を連絡船の何処に収容したのかについては、バラツキがあって、第二作『私の戦争犯罪』では、光州での徴用朝鮮人を関麗連絡船の「三等船室」に、第一作『朝鮮人慰安婦と日本人』では、徴用した朝鮮人を関釜連絡船の船艙に監禁したと書いている。

また、上陸後の朝鮮人について『私の戦争犯罪』では、「強制連行の朝鮮人労務者は下関上陸後、そのまま列車に乗せることが出来る日はまれであった。朝鮮人強制連行は逃亡防止と軍工事の防諜のため、日本国内では原則として客車に乗せず、貨物に積み込み、牛馬の運送と同じ扱いで、二、三十人の小人数の場合に、数頭の朝鮮牛と混載したこともあった。戦時下の貨車は軍用資材の輸送が優先して配車が手間取り、たいてい二、三日から四、五日かかり、宿舎は倉庫を利用して、日通倉庫、三菱倉庫、三井倉庫、林兼倉庫に収容していた。その期間の朝鮮人労務者の警備は、下関警察署と下関水上署が行ない、食事の支給は、『労務報国会下関支部事務局』の業務であった。毎日炊出しを行ない、一日一食、にぎりめし一個、たくあん一切ずつを支給していた」。

吉田氏の記述や証言では、このように強制連行の際の協力が警察の日常業務のように描かれているのである。そういえば、第一作に描かれた下関の従軍慰安婦徴用にもこんなシーンがあった。

「翌朝、署僚警部に頼んで佐々木刑事に労報へ応援に来てもらい、動員係を部長室に集めて、佐々木刑事から大坪の女の実情について話を聞いた。（中略）佐々木刑事の話で徴用の方針がたった」以下、佐々木刑事の先導で慰安婦の徴用が行われる。佐々木刑事は大活躍である。

こうした吉田氏の証言や記述を示して、筆者達は数名の当時の警察官に証言を求めたのだったが、結果はといえば、吉田証言とは真っ向から対立するものばかりだった。

まず、昭和十五、十六年頃から終戦時まで、下関水上署（もっぱら海岸沿いの警備を担当）の特高課にいた永田繁雄氏は次のように言う。

「労務報国会というのは、私の勤務していた下関水上署のそばの倉庫の縁に看板をかかげていたのは記憶していますが、仕事で接触することなどは全くありませんでしたよ。吉田雄兎という男にも会ったことはないね。私は特高だったから戦時中も、関麗連絡船にはいつも乗っていましたが、仕事は密航する人間がいないかをチェックするのが唯一最大の仕事でした。下関と麗水を行き来する朝鮮人はみんな渡航証明を持っていましたから、日本に来る朝鮮人も企業に雇われる場合は、企業がちゃんと三等船室の代金を払っていましたね。連れてきた朝鮮人を倉庫に入れるとか、その監視を水上署や下関警察署の者がやるだなんて全く記憶にありません。船の貨物室に積み込んでいる荷物を倉庫に入れる荷役の仕事をする者は朝鮮人が多かったから、半島から連れてきた朝鮮人をそんな目に遭わしていたら暴動がおこってますよ。それに倉庫にはいつも物資を運びこんでいました。朝鮮人を入れる余裕などない。当時の水上署の署員はわれわれ特高の七、八名を含めても三十名ちょっとぐらいしかいなかった。労務報国会の仕事を手伝うなんて話は聞いたことがありません」

また、昭和十一年頃から終戦時まで、山口県警特高課の下関出張所にて関釜連絡船や山陽線の「移動特高」を担当していた河内山季雄氏も同じように、吉田氏の「証言」を否定する一人だった。

「関釜連絡船の場合も、例えば向こうから来る時には、朝鮮の釜山水上署から四人乗り込み、下関からもわれわれ移動特高が五人乗り込んで、出入口で乗客のチェックをするんです。戦争中は企業の労務課の人が朝鮮によく行って朝鮮人を徴集していましたが、われわれは、向こうの市長や村長と警察署長の印のある彼らの渡航証明書を調べて、乗船や下船の許可を与える他は、もっぱら思想関係者のチェックですよ。それは戦時中も同じやった。朝鮮人の労務者だって、ちゃんとしたお客さんでしたよ。三等でも畳をしいた部屋だったし、船艙なんかにぶちこんだりしませんよ。ちゃんと会社が運賃を払ってるんだから。朝鮮に行って徴集してきた企業の労務課や庶務課の人たちが、付き添っていたんだから。労務報国会の連中が船の中で、どうこうしたなんて話は知らない。吉田ちゅう男のことも記憶にないが、労務報国会が朝鮮に行って何百人何千人も朝鮮人を強制連行しただなんて、僕は聞いたことも見たこともないよ。しかも、それを警察が手伝ったなんて冗談じゃない。嘘と思うなら、僕をこの吉田という男と対決させてくださいよ。僕は当時、毎日のように関釜連絡船にも乗っておったんだから」

次は、戦時中下関水上署を経て下関警察署の巡査部長（特高刑事）を務めていた志津里正五氏の証言。

「労務報国会が下関水上署のそばにあったのは記憶しています。少し綺麗な女性がいて通りがてら覗いたことがあったが、仕事の上ではなんの接触もなかった。警官が朝鮮人の監視をしたというのもおかしい。そりゃ、三井炭鉱とかいろんな企業から何月何日に朝鮮人の労務者が下関に着くから警備をしてほしいという依頼はありましたよ。でも、それはいまでいうところの交通整理みたいなものじゃった。時には何百人ということもあったからね。しかし、港から駅まで移動させれば、それでわれわれの仕事は終わりでしたよ。警察だって人は少ないし、忙しい。僕らのような陸の特高は下関署には主任も含めて八人ぐらいしかいなかったし、署長も含めて全部で警官は八十名ぐらいしかおらんかった。駐在所は市内で二十近くあったが、もう自分の仕事をするのが精一杯ですよ。慰安婦狩りだの朝鮮人狩りだの聞いたこともないし、それがあったとしても警官が手伝う暇があるわけない。僕は、本屋に行っては、この本の何ページから何ページまでは削除せよなんていうことをやかましゅうやっていた。それは当時仕事だったからやってはいたが、朝鮮人狩りなんか聞いたこともない」

労務報国会の下関支部が出来たとされる昭和十七年の秋に下関警察署に赴任して、終戦直前まで、警備防空主任を務めた高見徳杉氏も「戦時中はアメリカの焼夷弾の攻撃などに備えて、われわれは市内の防空演習計画を作ったりしていましたが忙しくて、朝鮮人の徴用を手伝う暇などそもそもありはしませんよ。ほかの部署の警官もそうです。朝鮮人の移送の警備を県警に頼まれて、外勤の巡査が協力したことはありましたが、大坪などで警官が朝鮮人を狩りだすのを手伝うなんてことはないですよ」と否定している。

想像力が生んだ創作か

さてここで、吉田氏が、昭和十九年の四月三日に、下関における「朝鮮人女子挺身隊」の動員命令書を県庁の労政課から手渡されたあと、それを持って労報支部長でもある下関警察署長に報告に行く場面に注目しよう（第一作）。その際、下関警察署の「労務担当の労政係主任の警部補が、朝鮮人の女を百人も集めるのはたいへんだろうと同情して、特高に応援を頼んだらとすすめてくれた」と吉田氏は綴っており、この結果、例の佐々木刑事の登場となるのだが、当時同署の労政課主任の警部補だった田中賢治氏は、「この労政係主任の警部補というのは、わしのことだろうが、しかし吉田という人物は知らない」と答えている。

その下関警察署の労政課の部屋で、毎日のように田中賢治氏と顔を合わせていたのが、労務報国会ならぬ産業報国会下関支部の書記・吉本茂氏であった。吉本氏は吉田氏のことを記憶していたが、吉田氏の著書の内容には否定的であった。

「労報下関支部に吉田という人物がいたのは記憶にあります。しかし、労務報国会というのは、大工や左官や何もしていない日雇いの労務者などを働かせるように斡旋していたんじゃないかねえ。われわれの産業報国会や田中さんの労政課の仕事というのは、下関警察署の管轄している会社や工場を視察したりして、生産増強のためになるように、労務者への慰安や福利のための企画をやったりしていました。宝塚やエノケンやキートンなどを呼んだりなどしておったんです。労務報国会の人が警察に協力してもらって大坪や朝鮮に行って、朝鮮人狩りをするなんていうことは、ちょっと考えられませんがね。そんなことをしたら、労政課の巡査や警官もなんか動きがあるはずやが、そんなことはなかったからね。戦争中、私は毎日警察に通っていましたが、警察が朝鮮人狩りをしていたなどという話は、聞いたことがないなあ。部署が違っても、そんなことをもし警察がしていたら、噂話として耳にはいってきますよ」

以上、著書の中の当事者とおぼしき人物を含め、全否定である。もし警察が慰安婦狩りに協力していたとしたら、元警察官としては触れられたくない記憶であろう。しかし、以上に紹介した元下関署や水上署の警察官についていえば、口裏を合わせているなどという印象はまったくない。淡々と当時を振り返って証言してくれているのである。やはり何かがおかしくはないか。

吉田氏の著作に対して、いち早く疑問を提示した秦郁彦氏は、氏自身の調査の結果をも踏まえたうえで、こう分析した。

「現在の時点で言えるのは、第一に、吉田氏が自分で述べた履歴のなかで、下関の労務報国会に勤務するまでの経緯はほとんど嘘で塗り固められてあるということです。次に、昭和三十八年の『週刊朝日』投稿から五十二年の第一作、五十七年の裁判証言、五十八年の第二作まで、発言や論述などの流れを見てくると、五十七年前後から朝鮮半島での徴用、済州島における慰安婦狩りが強調されてくることがわかる。氏は下関時代の体験・見聞を想像力で次第に膨らませていったのではないか。

労務報国会の仕事は、警察ＯＢの証言者が指摘しているように、戦時中の労働力不足を補うための日雇いの労務者の効率的調達です。下関の場合は朝鮮人が多く、労報の活動が朝鮮人の調達に重点をおいていたのは当然のことでしょう。だから、下関での仕事は、慰安婦徴用の部分は別として、比較的事実に近いかもしれない。しかし、全然行政管轄の違う朝鮮半島に出かけて狩りたてるということはまずあり得ない。彼の著作には朝鮮半島の土地勘があるのは確かで、朝鮮総督府から徴用した労務者を引取りに出張した経験があるのではないか。そうしたもろもろの体験をベースに想像力を加え、創作作品になったと推定するのが妥当だと私は思います。

もともと今回の慰安婦問題は、二年半前に、吉田氏の二冊目の本の韓国語訳が出版されたことが引金になっているが、これが嘘だとなれば、朝鮮の人達に対する最大限の侮辱になってしまいます。南京虐殺事件でもマスコミが騒ぐと、私もやったと名乗り出る詐話師が何人か出ました。彼らは告白の本を書き、講演にまわり、現地へ出かけ土下座して謝罪したりしています。吉田氏もこのパターンを踏襲していなければいいのですが……」

吉田氏のサハリン訴訟での証言記録を収録した『強制連行と従軍慰安婦』の編者・平林久枝氏は、同書の解説に、「労務報国会は各県にあり知事が会長を務める官製の団体でありながら、吉田さん以外すすんで実態を証言しようとする人はなく、吉田証言がなかったら日本人からの強制連行に関する証言はなされず、闇から闇に葬られていっただろうと思うとき、日本人として、日本人の責任感と良心が瀬戸際で守られたことに、吉田さんに感謝しなければならないと思います」と書いている。民間企業による朝鮮人労働者の募集に、あるいは官斡旋の時代から、さまざまなレベルの強制があったのは事実だろうし、慰安婦が存在していたことも否定出来ない事実である。しかし、吉田証言の信憑性の検討は、その「勇気」を讃えることとは別に行われなければならない、というのが、冒頭に紹介したオーウェルの言葉の意味するところではないだろうか。

歪められた私の論旨

秦《はた》　郁彦《いくひこ》（現代史家）

（『文藝春秋』一九九六年五月号）

今年（一九九六年）の二月六日から七日にかけて、各新聞は一斉に従軍慰安婦問題に関するラディカ・クマラスワミ国連特別報告官の日本政府に対する勧告を報道した。

正確に言えば、勧告の表題は「戦時の軍事的性的奴隷制問題に関する報告書」（日弁連の訳）という。英文の原文を参照すると、「朝鮮民主主義人民共和国、韓国および日本への調査旅行による」と限定していて、日本人やその他のアジア諸国の慰安婦には言及していないので、実質的には第二次大戦期に日本の植民地（外地）だった朝鮮半島出身の朝鮮人慰安婦だけが対象とされている。「軍事的性的奴隷制」（military sexual slavery）とはおどろおどろしいネーミングだが、いわゆる「従軍慰安婦」を指す。

筆者はこの問題の専門家ではないが、偶然のきっかけで発端に関わって二、三の論稿を発表し、昨年（一九九五年）七月に来日したクマラスワミ女史とも面談した縁から、勧告の中身に注目していた。さっそく目を通してみたが、誤認や誤断が少なくない。ことは人権問題でもあるので捨てておくわけにはいかないと思い、問題点をとりあげてみることにした。

さてクマラスワミ報告は、英文で三十七ページ、九章、一三九項から成り、二十五個の脚注と元慰安婦十六人をふくむ計七十八人の面接者リストが付してあるが、まずは問題の日本政府に対する六項目の勧告の要点を、朝日新聞（一九九六年二月六日付夕刊）から引用しよう。

1、日本帝国陸軍が作った慰安所制度は国際法に違反する。政府はその法的責任を認めよ。
2、日本の性奴隷にされた被害者個々人に補償金を支払う。
3、慰安所とそれに関連する活動について、すべての資料の公開を。
4、被害者の女性個々人に対して、公開の書面による謝罪を。
5、教育の場でこの問題の理解を深める。
6、慰安婦の募集と慰安所の設置に当たった犯罪者の追及と処罰を可能な限り行う。

思いおこせば、一九九一年十二月の韓国人元慰安婦三人による第一次訴訟、翌年一月に訪韓した宮澤首相が軍の関与を認め謝罪していらい四年余が経過した。その間に日本側はそれなりの対応策を講じてきた。2については、政府が事務費を負担する「女性のためのアジア平和国民基金」（アジア女性基金）という民間基金が昨年（一九九五年）八月に設立されて募金を始め、支払い準備にかかっている。

3については、九二年七月までの捜索で関連公文書一二七件を政府部内で発見、公開した。4も女性基金の募金配分にさいし、謝罪文を添えるつもりと村山首相が約束している。5の場合、韓国での記述例はないが、日本側では「高校の歴史教科書七社九冊のすべてに従軍慰安婦が登場」（九三年七月二日付産経新聞）した。大師堂経慰氏の九五年四月調査では、さらにふえ八社二〇冊に達しているので、十分すぎると評してもよいだろう。

残るは1と6だが、とくに「犯罪者の追及と処罰」を求めた6は、法の原則と人権のからみで軽々に扱えぬ論点となる。改めて英文に当たり直し、私なりの直訳を試みると「第二次大戦中の慰安婦調達および慰安所の制度化（recruitment and institutionalization）に関与（involve）した犯人を、可能な限り特定し処罰（identify and punish）すべきである」となる。「命令者」ならともかく「関与者」となれば、解釈と運用しだいで、処罰の対象者はいくらでも広がる可能性がありそうだ。

時効の壁でセーフにならないか、との意見も出ようが、慰安婦問題に関わってきた内外の人権派法律家の間では「人権問題に時効は適用すべきでない」とか「事後立法すればいい」といった論議が交わされているし、クマラスワミ女史はコロンビア大学の大学院を卒業して米国弁護士資格を持つ法律専門家だから、このあたりの論議は呑みこんだうえでの勧告と見てよかろう。

それに類似の慰安所制度は第二次大戦期のドイツ、イタリア、アメリカ、イギリス、ソ連などにも存在した（くわしくは吉見義明『従軍慰安婦』を参照）のに、日本だけを処罰せよというのは、公平を欠くのではないか。

時効なしの事後立法、しかもあとで述べるような不たしかな状況証拠だけで、日本の「関与者」だけが裁かれるとなれば、かつての東京裁判やBC級戦犯裁判、近くは光州事件どころではない。オウム事件級の兇悪犯罪でも、この種の暴論は出ないのに、なぜか日本のマスコミ、法曹界、学界、宗教界には、クマラスワミ報告を全面的に支持する声が強い。いくつかの代表例を紹介してみよう。

新聞のなかで慰安婦問題にもっとも熱心な朝日は、（一九九六年）二月六日付夕刊の第一面に概要を報じたあと、第一〇面に詳しい解説記事をのせている。「法的に反論すべきことはしていく」との橋本首相のコメント、「基金の活動は続けていく」というアジア女性基金事務局長談、韓国、フィリピンの反響を伝える特派員電、「今度の勧告が法的、政治的な議論を復活させるきっかけになる可能性はある」とのジュネーブ特派員電、四人の識者、関係者のコメントと盛り沢山である。

四人は「勧告の内容はもっともだ」とする在日朝鮮人元慰安婦の宋神道《ソンシンド》さん、「報告書は私たちが日本政府に求めていたところと大きな点で一致する」と語る吉見中央大教授、「国連全体の認識となり、日本政府もその考えに立つことを期待」する高木健一弁護士、「百点満点の内容だ」と述べた支援グループの梁澄子さん、と勧告支持派ばかりで、意図的な紙面作りとしか思えない。

吉見教授は「クマラスワミから直接意見聴取を受けた」と紹介されているが、同じく聴取を受け、報告書にその内容が実名で登場する二人のうちのもう一人である私は、何のコメントも求められなかった。

朝日としての見解はもうひとつはっきりしないが、取材先の顔触れや「個人への国家補償を避けてきた日本政府に対し、国連の人権専門官が明確に〈NO〉のサインを出した……旧日本軍の性的奴隷制度とその後遺症に苦しめられてきた女性たちは……」といったリードの書き出しぶりから、勧告支持の方針を打ち出したと見てよいだろう。

毎日新聞は、第一報では勧告の要点を報道するだけにとどめたが、二月七日付では「慰安婦

問題　目をそらさないで、国家賠償求め市民団体結成」のみだしをつけて「応じよ！国連勧告」という名称の市民グループ（呼びかけ人は武者小路公秀教授、女性史研究家の鈴木裕子さん）が誕生、百万人規模の全国署名運動を展開すると報じ、同調する姿勢を示している。

この市民運動には、カトリック教会や日本キリスト教協議会も合流しているらしく、カトリック新聞の二月二十五日号には「日本政府は法的責任をとれ」との白柳枢機卿談と「処罰という勧告も受け入れるべき」だとの大津協議会総幹事談が掲載された。

意外に感じたのは、日本弁護士連合会（日弁連）が、二月七日付の土屋会長名による声明で、「日弁連は、この報告書が、国連人権委員会で採択されることを強く望む」と述べ、日本政府が「その実行を逡巡することなく」着手するのが「国際社会の中で、日本が名誉ある地位と評価を得る最後の機会」と訴えていることだった。

日弁連はここ数年、人権派弁護士を動員して実地調査や救援活動をやり、数次の慰安婦訴訟も引き受けてきた。いわば経験豊富なプロの法律家集団なのに、慰安婦の人権を救済するために、「日本人の募集関与者」の人権を犠牲にしても構わぬと受けとれる感覚は衝撃的ですらある。

学生レポートなら落第点

見渡したところ、クマラスワミ報告書に正面から異議を申したてた論評は、産経新聞のコラム「産経抄」だけであった。その主張はあとで触れることにし、次に報告書が前記のような勧告を導き出すに十分な論証をしているかどうかを検分してみよう。

結論から言えば、この報告書は欧米における一流大学の学生レポートなら落第点をつけざるをえないレベルのお粗末な作品である。

筆者はハーバード、コロンビア両大学で学び、プリンストン大学で教えた経験がある。レポートを書いて採点されたこともあれば、採点したこともあった。

採点する時は、まず末尾の脚注（フットノート）を点検するのが慣例だろう。引用文献の数、参照した文献の質、必須文献で洩れたものはないか、本当に読んだのか抜きとってチェックする、といった手順を踏む。その段階で重大な手落ちが見つかれば、内容を読む前にE（落第点）をつける教授もいよう。

クマラスワミ女史はエール、コロンビア両大学で学び、ハーバードにもいたらしいので、こうしたレポート作成上の技法は承知しているはずだが、この報告書では事実関係に関わる部分はすべてオーストラリア人ジャーナリストのG・ヒックスが一九九五年に刊行した『慰安婦』（The Comfort Women）という通俗書からの引用である。

利用した参考文献が一冊だけとなれば、丸写しと判定されても仕方のないところだが、そのヒックス著にも問題が多い。巻末に三十六の参考文献はあげてある（筆者の論文、著書は見当らぬ）ものの、欧米では一般書でもつけるのが慣例である脚注が珍しくついていない。つまり、どの文献に基づいて記述したのか、わからない仕組みになっているのである。

それでも我慢して拾い読みしてみたが、初歩的な間違いと歪曲だらけで、救いようがないと感じた。一例を挙げると、「鈴木裕子の著書によれば、一九三二年の第一次上海事変中に、日本軍の岡村中将が長崎県知事に依頼して北九州から一団の朝鮮人女性たちを上海の慰安所に送ったのが第一号」（ヒックス一九ページ、傍線は筆者）という要旨の記述がある。

そこで、鈴木の著書『従軍慰安婦・内鮮結婚』に当ると、主旨は同様だが、傍線の部分だけはない。鈴木が典拠として引用した『岡村寧次大将資料』上巻を見ても、やはり傍線のくだりはなかった。

つまりヒックスが鈴木著を引用する段階で、「朝鮮人女性たち」が混入したことになるが、ヒックスの序文を読んで思いあたった。序文によると、著者は日本語が読めないので、東京大学の高橋教授に頼んで在日韓国人女性のユミ・リーを紹介してもらい、彼女が日本の運動家たちから資料を集め（おそらく英訳もして）送ってくれたとある。

ヒックスが資料の八〇％は彼女に依存したと書いているくらいだから、問題の追加部分はヒックスとユミ・リーさんの受け渡し段階で創作され、そのままクマラスワミ報告書の第24項に転記されてしまったと推定できる。

また21項には、ミクロネシアで七〇人の慰安婦が日本軍に虐殺されたとあるが、引用元のヒックス、その前の金一勉の著書のいずれにも人数は出ていないのに、突然、報告書に七〇人という数が出現する。この種のミステリーは他にもあるが、あとは省く。

報告官に故意性があったとは思いたくないが、表紙に半裸の慰安婦写真をデザインし、「軍神とビーナス」(第一章)「人肉のマーケット」(第二章)のように煽情的な見出しをつけた非学術的文献に全面依存した不注意責任は、問わねばなるまい。

クマラスワミ報告書には、他にも国家総動員法の成立を一九三二年と書いて、二ページ先では一九三八年(こちらが正しい)と記すたぐいのケアレス・ミスが目立つが、筆者自身も類似のミスで被害を蒙っている。

前にも書いたように、昨年(一九九五年)の七月二十三日、私は東京でクマラスワミ女史(白人の男女補佐官各一人が同席)と面談した。NGOが殺到して一人五分ずつの発言に制限した場もあったというから、英文のレジメ(二ページ)を広げて一時間ばかり説明と質疑の時間をもらったのは、異例の幸運だったのかもしれない。

その九カ月前に彼女がまとめた予備報告書を読んで、大体の傾向は承知していたので、慎重にしゃべったつもりだが、私が強調したのは、(1)慰安婦の「強制連行」について日本側で唯一の証人とされる吉田清治は「職業的詐話師」（professional liar）である、(2)暴力で連行されたと申し立てた慰安婦の証言で、客観的裏付けがとれたものは一例もない、(3)慰安婦の雇用契約関係は日本軍との間にではなく、業者（慰安所の経営者）との間で結ばれていた、などの諸点だった。

そして、(3)の実情は、一九四四年ビルマ戦線で捕虜となった日本人業者夫婦と二十人の朝鮮人慰安婦を尋問して、米軍情報部が作成した報告書（米国立公文書館所蔵）が最適と思うと述べ、米軍報告書のコピーを渡しておいた。

ところが、クマラスワミ報告書の40項は、(3)の論点について私の論旨を次のように、正反対に歪め紹介している。

歴史家で千葉大学の秦郁彦博士は……大多数の慰安婦は日本陸軍と契約を交わしており、平均的な兵士の月給（一五―二〇円）の一一〇倍もの収入（一〇〇〇―二〇〇〇円）を得ていたと信じている、と述べた。

正反対といっても、水掛論になりそうな話だが、幸い私の手もとには彼女に渡した英文レジメが残っている。それは前記の米軍尋問記録によるとして「女性たちはブローカー（および経営主）が三〇〇―一〇〇〇円の前借金を親に払って、その債務を慰安所での収入で返還している。経営者との収入配分比率は四〇―六〇％、女性たちの収入は月に一〇〇〇―二〇〇〇円、兵士の月給は一五―二五円」と記してある。

雇用関係の有無は、法的責任を問うたり補償を検討するにあたり、重要なポイントになる。たとえば東京空襲で殉職した正規の消防士には死亡賜金や恩給が払われるが、手伝った民間人はもらえない。戦災死した一般市民が国の防空責任を問い、特別立法で補償を求める声もないではなかったが、実現していない。

慰安婦は公娼制度の延長線上で誕生した。平時に娼婦や抱え主を監督し、指導していたのは警察だったが、戦地ではその役割を軍が担当したのである。強いて違いを探せば、船やトラックなどの輸送手段を軍が提供する例（便宜供与）が多かった点にあろう。

慰安婦には前身が職業的娼婦だった例も少なくないから、補償となれば範囲はとめどなく広がってしまう。関与や監督不行届きの責任を問えば、戦後の「ジャパゆきさん」への補償を拒む理由も失われるだろう。

信組や住専問題で税金の使い方にきびしい注文がつく時代でもあるから、気の毒ではあっても、雇用関係の有無で線引きするのも止むをえないと筆者は考えた。クマラスワミ女史にも、そうした立場から説明したつもりだが、米軍の報告書を無視して、雇用関係があったかのように曲解されてしまったのは、まことに心外である。

お粗末なシナリオライター

もっとも雇用関係の有無に関わりなく、官憲による強制連行的調達があったとすれば、話は別で、日本政府は特別立法してでも、補償せねばならぬと筆者は考える。官憲かどうかを別とすれば、この種の現象があったのはたしかで、日中戦争初期の一九三八年三月四日に、陸軍省から現地軍に指示した「軍慰安所従業婦等募集に関する件」を見ると、「慰安所設置の為、内地に於て之が従業婦等を募集するに当り、故《いたず》らに軍部諒解等の名義を利用し……募集の方法、誘拐に類し警察当局に検挙取調を受くるもの」があるので、軍の威信保持と治安維持のため業者をしっかり取り締るよう要求している。

この通達は、とかく軍が関与したことを立証する公文書として利用されているが、一面では犯人が悪質な経営者やブローカーで、警察は検挙などで取り締っていた事実をも示している。こうした誘拐まがいの募集の実態をもっとも知悉しているのは、本人(および親)と経営者の橋渡し役をしたブローカー(ぜげん)だから、彼らを探し出して証言をとるのが早道だと思うが、この四、五年、ただの一人も名のり出たものはなく、探し出した例もない。

したがって、官憲による「強制連行」の存在を申し立てているのは、日本人では『私の戦争犯罪』(一九八三、三一書房)の著者である吉田清治の告白だけ、あとは元慰安婦たちの証言だけである。後者は記憶だけに頼るあやふやなものが多く検証のしようもないが、前者は八十二歳の老齢ながら本人が健在である。済州島での慰安婦狩りは、日付や場所も情景も精細に書いてあるので、裏が取りやすい。

そこで一九九二年三月、私が現地をまわって調査したところ、八九年に吉田著の韓国語訳が刊行された直後に、地元の済州新聞が該当の事実なしと全面否定し「この本は日本人の悪徳ぶりを示す軽薄な商魂の産物」と論評した記事を見つけた。担当の女性記者にも会ったが、「何が目的でこんな作り話を書くんでしょうか」と聞かれ、答に窮した。

吉田には問題の本の六年前に書いた自伝風の別の著書もあるが、出身地や縁者に当ってみると、嘘で塗りかためた人生を送ってきたことが判明した。詳細は拙著や上杉千年『検証従軍慰安婦』にゆずり、ここでは省略するが、一時はTVや新聞でもてはやされた吉田も、この一二年は信用を失って沈黙している。しかし四年前に本人と話しあったとき、「近く国連に持ちこんで大問題にさせますよ」と予告していたのを思い出す。

その吉田証言がクマラスワミ報告書で久々に息を吹き返しているのを見て、筆者はおどろいた。彼の証言(第29項)に私を含めた異論があることには触れず、吉田著の英訳(NGOの誰かが部分訳したものか)を引用して、一千人の慰安婦を狩りたてた彼の「体験」を紹介していたからだ。それでも、報告書は別の個所で「募集方法を立証する書類はほとんど残っていない」（19項）とか「実際の募集の過程に関する公文書はなく、ほとんどすべての慰安婦の募集に関する証拠は、被害者自身の口頭証言だけである」（23項）と、強制連行を否定するかのようなニュアンスの書き方もしている。

しかし最終的には一九九三年八月四日付の河野官房長官談話を引用する形式で「慰安婦の募集については、民間の業者が行うことが多かったが……官憲等が直接これに加担したこともあった」（129項）と結論している。

この談話は一年半に及ぶ日韓双方の調査をふまえた政治的決着でもあったが、別の個所で「その募集、移送、管理等も、甘言、強圧による等、総じて本人たちの意思に反して行われた」（傍点は筆者）とのくだりが入ったため、募集段階で官憲が強制連行したかのような印象を与えてしまった。

当時、筆者は政治的妥協でたしかな証拠なしに強制連行を認めるかのような表現を入れると、必ずや将来に禍根を残すだろうと切言したものだが、残念ながらその通りになってしまった。クマラスワミ報告書が中間段階では否定的な見解を出しながらも、最終的には日本政府の調査結果による「総合判断」におちつかせる口実を与えてしまったわけである。

人によっては、この結論は彼女がピョンヤンやソウルや東京で会った元慰安婦たちの証言から到達したものではないか、と主張するかもしれない。

そこで、彼女たちの証言の信頼性について、若干の検討を加えておきたい。特別報告官が面接した元慰安婦はピョンヤンで四人、ソウルで十一人、東京（在日）が一人の計十六人で、内外のマスコミなどに何度も登場した「語り部」も数人ふくまれている。

そのうち報告書に証言が引用されているのは四例だが、首をかしげるような話ばかりである。ここでは、二ページを費やして長々と紹介されているチョン・オクスンという元慰安婦の身の上話を要約する。

一九二〇年威鏡南道に生れ、十三歳のとき水汲みの帰りに一人の日本兵に拉致され、トラックで警察署につれこまれ、数人の警官に強姦された。そのとき所長に左眼をなぐられ失明した。十日後に日本軍の兵舎につれて行かれたが、そこでは四百人の若い朝鮮女性が五千人の日本兵に性奴隷としてサービスを強要されていた。両親は私の失踪を知るよしもなかった。

仲間の一人が一日四十人もサービスするのはきついと苦情を言うと、ヤマモト中隊長は拷問したのち首を斬り落とし、「肉を茹でて、食べさせろ」と命じた。

性病消毒のため熱い鉄の棒を局部に突き刺されたり、生き埋めになったり、入れ墨されたりして少女の半分以上が殺された。私は五年後に逃亡して朝鮮へ戻ったが、不妊と言語障害に苦しんでいる（第54項）。

この凄まじい「体験談」を読んで、筆者はどこかで聞いた話だなと思い、古いファイルを探してみた。出てきたのは一九九二年七月十五日付の労働新聞（ピョンヤン）に公表され、AP電で世界中に伝わったリ・ボクニョ（一九一九年生れ）の身の上話だった。彼女は一九四三年に満州の慰安所に連行されて焼き印を押され、生首スープを飲まされたと申し立てていた。場所も時期もちがうので別人だろうが、話の中身は似たりよったりだ。

それにしてもシナリオライターの構成力がお粗末すぎて、ばかばかしくなるが、若干の注釈を加えておくと、まずチョンが拉致された一九三三年の朝鮮半島は平時で、遊廓はあったが、軍専用の慰安所は存在しなかった。

半島駐屯の日本軍は全体でも一万人余程度で、威鏡南道には一個連隊（二千人）しかいないし、五千人も入る兵舎はありえない。

慰安婦の殺害や虐待は、この種の身の上話にしばしば登場するが、彼女たちは業者にとっては前借金を払った商売道具であり、軍にとっても兵士にサービスしてもらう存在だから、それなりに遇していたはずだ。殺したり傷つけては元も子もなくなるからである。

ただし逃亡を試みる女性たちを監視したり見せしめに暴力をふるう用心棒は、日本内地の遊廓にもいたから、類似の現象が慰安所でも起きたことはあろう。

念のため筆者は、朝鮮総督府に勤務していた坪井幸生（終戦時の忠清北道警察部長）、大師堂経慰（江原道地方課長）両氏に聞いてみたが、両人とも慰安婦の強制連行はありえないと全面否定したあと、「朝鮮人の間には反日気分の底流があったから、我々は治安維持にはかなり神経を使っていた。もし吉田清治流の狩り立てをやれば暴動になっていたろうし、朝鮮人警官が従わなかったろう。また終戦後に総督府の官吏や家族は無事に帰国できなかったろう」とこもごも語った。

別の一例をひいてみよう。やはりクマラスワミ女史が面接した在日韓国人で日本国の公式謝罪などを求めて提訴中の宋神道さんが、朝日新聞の取材に応じて語った身の上話である。


一九二二年忠清南道生れ。十六歳で親の決めた相手と結婚するが、挙式の翌日に家出した。大田で朝鮮人女性に「戦地に行ってお国のために働けば金がもうかる」と誘われ、平壌に行き、他の大勢と中国の武漢で慰安婦をやらされた。

終戦で除隊となった日本人曹長に「一緒に日本へ行こう」と結婚を申し込まれ、博多へ上陸したとたんに捨てられた。宮城県で在日朝鮮人の男性と一緒になったが十年前に死別、今は生活保護をもらい独り暮らし。（一九九三年九月二十一日付夕刊）

取材した記者は、この女性から「朝鮮人はまだ北と南で戦争してる。だから大っ嫌い」とか「おれ、裁判なんて面白半分にやってんだ」と浴びせられ、戸惑いをかくさないが、「慰安婦問題について、自分の視点を定めたくて」彼女の支援グループに飛びこむ日本人が少なくない、となると筆者の理解を絶する。

一難去ってまた一難

おそらく慰安婦たちの来歴は国と地域、時期により千差万別だろう。正規の軍人軍属とちがって統一的な名簿もなければ、戦友会のような組織もない。戦後の境遇もさまざまで、家庭を築いている人もいるし、独り身で困窮する例もあれば、生活保護を受けている人もあろう。せめて雇用者やブローカーの氏名、部隊名や隊長名の記憶があれば裏付けもとれるが、筆者の知るかぎり彼女たちの申立てにはこの種の情報がふしぎなほど欠けている。

そこで私は発端の頃から、彼女たちの救済は、民間のNGOが主体となって新聞広告などで見舞金を集めて贈るしか方法がないと判断し、著書でもそう主張してきた。

税金を支出する場合は、広島の被爆者や水俣病患者の例を持ち出すまでもなく、「認定」に途方もない手間と時間がかかり、手おくれになってしまうが、民間の寄金なら、その面倒もなく、弾力的に運用できるからだ。

戦争中に慰安所を利用した元兵士たちにも意見を聞いてみた。「赤紙一枚で妻子を残して召集され、安い給料で戦わされて餓死した戦友のことを思えば、彼女たちの方がまだましではなかったか」と怒る人もいたが、「世話になった彼女たちが困っているというのなら匿名で応分の見舞金は出したい」と語る人も少なくなかった。

だが慰安婦問題を、戦争責任や戦後補償の全般にわたり日本政府を責めたてる格好の材料に仕立てようとする一部のNGO運動家やマスコミの動きに嫌気がさしてか、元兵士たちもソッポを向いてしまう。アジア女性基金への集まりが悪く、橋本首相が家族の貯金箱をはたいたのに、新聞広告の掲載料にも足りぬ一億円余りしか集まらず、目標の十億円には届きそうもない。

その間に、元慰安婦たちは、運動家やマスコミに引きまわされただけで、上坂冬子さんが四年前に危惧したように、「あとに残るのは天下にプライバシーをさらした哀れな老婆の姿のみ」となりかねない状況である。それは朝鮮半島における新たな反日論の台頭を刺激するかもしれない。

かの地でも一部の女性支援団体を除けば、盧泰愚《ノテウ》前大統領が浅利慶太氏との対談で語ったように「日本の言論機関の方がこの問題を提起し、我が国の国民の反日感情を焚きつけ、国民を憤激させてしまいました」(『文藝春秋』一九九三年三月号）と意識されているからだ。

名のり出た元慰安婦の数

国　名	人数
北　朝　鮮	260
韓　　　国	164
台　　　湾	32
中　　　国	11
フィリピン	162
マレーシア	8
インドネシア	6508
日　　　本	0

出所：NHKのETV特集（1995年12月13日放映）
注：インドネシアの場合、川田文子の現地調査によった。96年1月14日付の朝日新聞報道によると16884人に増加

別表でわかるように、すでに名のり出ている元慰安婦の数は一万人を超える勢いである。一人に二百万円払っても二百億円という計算になる。とくにインドネシア（ジャワ島）では日弁連の某人権派弁護士が出かけて働きかけたものの、三千、六千、一万六千人とうなぎ登りにふえすぎて、さすがに当惑していると聞く。何しろ日本軍の兵力が一万人前後なのに、それを上まわる慰安婦はありえず、大多数は便乗組と思われる。

（一九九六年）二月八日の「産経抄」は、問題を「仕掛けたのが、日本人の弁護士とその支援団体であることがつくづくと情けない」と歎きつつ「かつて従軍慰安婦となってくれた女性に、深謝と同情を決して惜しむものではない」と書いた。

筆者も同感で、今となっては女性基金を活用して福祉施設などを作るぐらいしか方法はないと思う。

クマラスワミ勧告は、三月十八日からジュネーブで開催される国連の人権委員会へ提出され

る。日本政府が反対票を投じて、しかも採択されれば、「リットン報告書の再来」（戸塚悦朗弁護士）だと唱える人もいる。一九三三年の日本は報告書の採決で敗れ、国際連盟を脱退した。慰安婦問題での国連脱退はありえないだろうが、四二対一ぐらいの票差は開くという読みかもしれない。

「犯行」をただ一人自白している吉田清治を処罰したらという声も出そうだが、とりあえず私は、クマラスワミ報告書が筆者の説明を歪めた点を指摘し、訂正を要求する三月十五日付の中立書をク女史と国連人権委員会事務局長へ送った。最初は日弁連へ助言を求めたが、藍谷事務総長代行に拒絶されたので、外務省へ頼んで届けてもらうことにした。

効果のほどは疑わしいが、このあとには「戦地における強姦」問題を調査するリンダ・シャベス特別報告官（米人女性）の登場が予定されているという。一難が去っても、また一難が来る気配なのである。

〈主要参考文献〉

秦　郁彦『昭和史の謎を追う』下（文藝春秋、一九九三）

吉見義明『従軍慰安婦』（岩波新書、一九九五）

上杉千年『検証従軍慰安婦』（全貌社、一九九三）

橋本総理は誰に何を詫びるというのか

（『諸君！』一九九六年八月号）

上坂冬子《かみさかふゆこ》（評論家）×秦《はた》　郁彦《いくひこ》（現代史家）

上坂　従軍慰安婦問題について、最初に論争の口火を切ったのはたぶん私でしょう。しかし、その直後に私はこれは言論の問題ではなく政治力学の分野だと感じ、かかわりを持ちたくないと思いました。

従軍慰安婦問題が話題になりはじめた一九九二年の憲法記念日に、私は新潟市から講演会をキャンセルされましたが、理由は慰安婦問題に対する私の発言でした。共産党と社会党の市議会議員団が市長宛に出した申し入れ書に、上坂冬子は従軍慰安婦を〝必要悪〟とするなど、最低限の人権感覚も持ち合わせない人物だから招くなとあります。私の原文は「悪の基準は歴史の流れの中で融通無碍に変わるものであり、現代では悪とされるものが、その時代には必要悪だったりすることがある」というものでした。ここから必要悪の三文字だけ抜き取ったんですね。そのあと目黒と世田谷の警察署から私のところに「過激派が、あなたを名指しで攻撃しているから身辺警護をしたい」と連絡がありました。

以来、私はヘンな政治力学に巻き込まれまいと沈黙してきましたが、橋本総理が元慰安婦に詫び状を出すと聞いては、もう我慢できません。

秦　まあ、まあ落ち着いて下さい（笑）。

そもそも、五年前の一九九一年十二月に三人の元慰安婦と旧日本軍に参加した韓国人とその遺族ら（元慰安婦はのち九人に増え、総計三十七人に）の原告が日本政府への賠償を求める訴訟を起こし、それが韓国内の反日感情と結びついたことが、政治問題化のはじまりでした。

しかしそれ以前から従軍慰安婦の存在が知られていなかったというわけではなく、実際、国会図書館所蔵の一万とも一万八千冊とも言われる第二次大戦従軍者戦記の半分ぐらいに、断片的にせよ従軍慰安婦が登場しています。

上坂　ベストセラーになった千田夏光さんの『従軍慰安婦』（正・続）という本が書かれたのは二十年近く前のことで、文庫版も含めて五十万人もの人が読んだはずですが、従軍慰安婦についての論議はおきていません。読者は戦争の理不尽さにつきものの実話として受け止めたのでしょう。

秦　ええ。その時点では誰も国家的な賠償の問題にまで発展するとは思ってなかったんですね。だから総数がどのくらいで、朝鮮人と日本人の比率がどのくらいだったとか、軍による強制連行があったのかなかったのか、といった基本的なデータに関する綿密な調査はなかったし、もちろん日韓両政府によっても行われていなかった。

上坂　基本的な事実関係は「藪の中」だというのに、なぜ断罪論と補償論がこれほど盛り上がったのかと思えば思うほど、私は特定の政党と社会運動によるものだと判断せざるをえません。

そもそも表舞台に出てきているのが韓国の従軍慰安婦のせいか、たくさんの日本女性が慰安婦となっていた事実がかすんでいませんか。当時は「内鮮一体」という言葉があったように、日本内地の女性も朝鮮半島の女性もともに慰安婦になったわけで、その意味では〝差別〟がなかったことになります。私は戦後に朝鮮半島の南半分のみを領土として誕生した新しい国家の人々が、国家誕生前までさかのぼって日本に補償を要求できるものかどうか疑問に思っていますが、ともかく日本としての補償は日韓基本条約で解決済ですから、慰安婦の生活保障は韓国の国内問題のはずですよ。

慰安婦はよいこととはいえませんが、償いを求められるような罪でしょうか。戦時下に日本のみならず世界各国で慰安婦的な例があったのを考えると道義論だけでは解決しません。

官房長官談話の「原罪」

秦　九二年一月十六日の宮澤総理の訪韓の五日前に「朝日新聞」が、「日本軍が慰安所の設置と運営に関与していた」という大々的キャンペーンを張った。それで宮澤総理は慰安婦問題に関する基本的情報もないままに日韓双方から攻め立てられたものだから、ついつい……。

上坂　「従軍慰安婦の方々が筆舌に尽くし難い思いをされたことに対して、まことに遺憾に思う」と発言してしまったのね。以後、それを言質として政府は補償を迫られることになった。

秦　あの時の朝日のキャンペーンは、政治的成功を狙った戦術としては、マスコミのお手本みたいなものでしたね（笑）。

それ以降も日本政府の対応は常に後手に回り続け、気がつくと従軍慰安婦は国際的な舞台にまで登場し、誰もコントロールできない大政治問題にまで膨れ上がってしまった。

上坂　そこまで事態をこじらせたきわめつけは、やはり九三年八月の河野官房長官談話でしょう。「慰安婦の募集については、軍の要請を受けた業者が主としてこれに当たった」とか、「募集、移送、管理等も、甘言、強圧による等、総じて本人たちの意思に反して行われた」などとありますが、これでは「民間の商行為」なのか、軍による「強制連行」なのかわからない。

「総じて」とはどのくらいの比率を指すのでしょう?

秦 そこらへんがきわめて曖昧な日本語でしてね。強制性を認めなければ引き下がらない、と韓国政府が頑張ったので玉虫色の表現になったようです。日本の外務省は今でもこれは強制連行による募集を認めた表現ではない、と言ってるんです。かたや慰安婦を支援する各運動団体は、この官房長官談話を根拠に、日本政府が連行責任を認めているのだから国家補償をしなければならない、と言っている。そこから今問題になっている、「アジア女性基金」による「見舞金」は受け取れない、という話に発展してしまう。

不思議なことに、この官房長官談話の前提になったとされる日本政府による調査の内容は公表されてないんです。なぜ公表しないか理由の説明はない。元慰安婦だけでなく、元兵士や慰安所の経営者たちへの聴き取り調査もやったようですが、匿名を条件にしたので公表できないともいわれています。それにしても、日本軍や官憲による強制連行があったか、なかったかという焦点について具体的な証拠はなかったらしい。一例でもあれば、官房長官談話の裏付け資料として発表しているはずです。

上坂 核心のボヤけた問題を国家補償の対象とするのは無理です。要求する側もされる側も感情的ですね。アジア女性基金の趣意書に「多くの人が結婚もできず……」とありますが、結婚できないことと従軍慰安婦だったこととは関係ないでしょう。

秦　実際には結婚している例が多いんですよ。もう未亡人になっているが、第一次訴訟の原告の約半数が結婚している。全体的にもほぼその比率でしょう。同棲等を含めれば、もっと多いはずです。

的外れな国連報告書

上坂　新潟市の講演キャンセルの件にもどりますが、講師と決まっていた人間に話をさせないというのですから、これほど言論の自由をふみにじった行為はありません。社・共両議員団は憲法違反を堂々とやってのけたわけです。後日、私がキャンセル料をしっかり取って韓国の老人ホームに全額寄付したのは皮肉でした（笑）。

新潟市に比べると、韓国のマスコミは公平でした。宮澤総理の訪韓と同じ年に、「朝鮮日報」から私に「韓国人に贈る日本人の本音」というテーマで原稿依頼がありました。もちろん従軍慰安婦にたいする私の主張を知ってのことです。「批判的な本音が将来の日韓関係に役立つとの考えで、こんどの企画を準備」したと注釈がありました。私は本音を書きまくりましたが、八月十五日の光復節の紙面に一言半句ちがえずに翻訳して掲載されましたよ。

秦　上坂さんの発言を「妄言」だとは非難しなかったわけですね（笑）。

私が「文藝春秋」（一九九六年）の五月号に書いた従軍慰安婦問題の文章でも、外国のマスコミで最初に反応があったのはやはり韓国だった。今度ハングルに翻訳されたものが出ます。日本で思っている以上に、韓国内にもさまざまな考え方があるんですよ。しかし日本国内からは、国連のクマラスワミ報告書の不備について指摘しただけなのに、被害者の人権を踏みにじるつもりか、と決めつける感情的な非難を浴びせられました。

上坂　クマラスワミ報告書は、慰安婦募集に日本軍が関与して、軍と彼女たちとの間で兵の月給の百十倍もの契約を交わしたように取り上げられていますけれど。

秦　いえ、ですからそこが一番重要なポイントで、雇用契約は民間業者と女性、あるいは女性の親との間で結ばれていたと考えられる。というのも現存する最も信憑性の高い資料は、一九四四年に米軍がビルマで捕虜にした、日本人の慰安所経営者夫婦と朝鮮人慰安婦二十人に対する聴き取り調査です。この報告書にはそうした契約関係や料金の配分などについて詳細な記述があります。

ですから「私は元慰安婦への同情を惜しむものではないが、税金の支出に厳しい注文がつく時代だから、腰だめで補償をするわけにはいかない。気の毒だが雇用関係の有無で線引きするのもやむを得ない」ということをクマラスワミさんに会ったとき強調したんですが、彼女たちと軍の間に雇用関係があったかのような表現に歪曲して引用されてしまった。そこで抗議文を送ったんですが、三カ月以上経つのに何の返事もない。私だけではなく、国家補償論者の吉見義明中央大教授も面談調査を受けたにもかかわらず、間違った引用をされたということで私よりも前に抗議の手紙を送ったが、やはり回答がないようです。

上坂 引用ミスですか、それとも意図的にゆがめて引用したのでしょうか。

秦 クマラスワミさんは、エール大とコロンビア大の大学院で法律を学んだ専門家ですから、そんな初歩的なミスを犯すとは不可解なんですが、いずれにしろ報告書のうち従軍慰安婦についての部分はきわめて出来が悪い。

「被害」の実態は不明

上坂 国連が報告書を採択した時に使った、テイク・ノートという表現に対して論争が生じていますね。

秦 ちょっとややこしいんですが、クマラスワミ報告書は全体としては家庭内暴力を中心とした女性への暴力をテーマとしていて、こちらの部分は出来がいいんです。そして従軍慰安婦については本報告書の付属書という形で出されている。決議文は第一項で、彼女の仕事をWelcomeするが、報告書自体はtakes note、即ち「歓迎し」と「留意」を使い分けているんです。Take noteというと、「聞き置く」程度の意味でWelcomeと並立されるのは変なんですが、それを理解するためには、決議文の第三項を見る必要がある。そこでは家庭内暴力に関する彼女の分析に対しては「称賛する」(Commend)とある。せっかく家庭内暴力については評価が高かったのに、従軍慰安婦について出来の悪い報告が加わってしまったので、全体としてはTake noteにレベルダウンしてしまったということだと思います。

上坂 かりに報告書の全文が採択されたと判断した場合、関係者の処罰なども考えなきゃなりませんか。たとえば老齢の元軍人とか、当時の料理店の主人などをしょっぴけということかしら?

秦 いえ、そこのところはあくまで「そういう考え方もある」という意味での「採択」ですから。それにもともと国連人権委員会の決議は主権国家に対する法的拘束力はありません。

上坂 クマラスワミさんも、テーマを家庭内暴力だけにしぼっておけば、もっと高い評価をえられたでしょうに。

実は九四年に与党三党の従軍慰安婦問題等小委員会から、私にも出席要請があったんですよ。最初に申し上げたとおり私は、言論の問題以外とかかわりをもちたくないので出席しませんでした。意見だけ三点にしぼってFAXで回答しています。

まず第一点は、慰安婦には日本人もいたことを明らかにして、公式文書には必ず「国内外の女性」に迷惑をかけたと記すよう要求しました。第二点は、もし元慰安婦のための基金を設けるのなら、あくまで民間の力だけで政府は関与すべきではないこと。第三点は、見舞金を支給する場合は、たとえ申し出る人がいなくても日本人女性のための窓口を開いておくべきこと、でしたが、第二点など見事にはずされています。アジア女性基金は民間でなく半官半民ですもの。もっとも今年一月の橋本総理の「ごあいさつ」の中に、はじめて「国内外の女性」という表現が出てきています。

秦　なんで日本人女性は名乗りでてこないんでしょうね。いろいろ考えてみたんですが、結局彼女たちは補償なんて実現しないと考えているからではないでしょうか。

上坂　韓国では実名で名乗り出ている人がいますね。クマラスワミ報告書もそれを拠り所にしている。

秦　ただし、彼女たちの証言を精査してみると客観的な裏付けが取れるものは一つもない。

「強制連行」の証拠はあるか

上坂　そういうことをいうと「あなたは彼女らのいうことは信じないのか！」と詰め寄られる。私は慰安婦だったと名乗りでた人がみんな嘘をついているとは思いませんが、補償となれば話は別です。たとえば、被爆者が被爆手帳を取得する場合、被爆当時の詳細を文書で提出した上に、二人の証人が必要とされます。しかも三親等以内の親族は証人になれないという制約つきです。あの状況下で証人を出せというほうが無理ですが、ニセ被爆者を防ぐためなんですね。被爆者の中には子や孫が成人したいまになって名乗り出てくる人もいます。この点に関するかぎり慰安婦と似ていますが、もちろん身の上話だけでは被爆手帳はもらえません。何十年前であろうと、事実認定の裏付けとなる記録と証人が求められます。

秦　軍人恩給が復活した際にも同じような問題が生じましたね。履歴書は焼けてしまったので軍歴がはっきりしない。それで、二人の戦友の証言で認定することにしました。慰安婦の場合はもっと厄介で、名簿は存在しないし、同じ慰安所で働いていた仲間といっても見つけるのは難しい。実際、これまで名乗り出ている元慰安婦たちで、同じ慰安所で働いていたというケースは一つもないんですね。逆に元兵士に確認を取ろうとしても、彼女たちはみんな源氏名を使っていたわけですから。

なおかつ彼女たちの証言というのは概して曖昧で、働いていたのは何年から何年までで、場所はどこだったのか、といった基本的な事実関係についても、「椰子の繁った南の島だった」式になってしまう。

それでは国家補償は無理だ、という考え方と、慰安婦は自分が働いていた場所も知らないほど悲惨な境遇に置かれていたんだから補償しなければいけない、と相反する二つの論理が出てくるんですが。

上坂　補償について考える場合、問題はやはり日本軍や政府による強制連行の裏付けの有無ですね。

秦　軍との雇用関係がなかったにしろ、もし官憲による強制連行的調達があったとしたら、日本政府は特別立法をしてでも補償しなければならないと思います。しかしクマラスワミ報告書ですら、強制的に連行したという証拠は見つかっていない、と書いています。

第一次従軍慰安婦訴訟の原告になっている女性九人も、訴状を見ると強制的に連れていかれたというのは三人で、残りの六人は業者などに騙された、というケースなんですね。当時騙して連れていけるほど朝鮮語のうまい日本人は皆無といっていいから、これらは朝鮮人の女衒の甘言に乗せられたと見ていい。実際、訴状にそうはっきり書いてあるものもあります。

上坂　ここに吉林料理組合の名簿の一部をもってきましたが、明らかに朝鮮半島出身の業者の名が五店あります。

秦　強制連行されたという人も、不自然な中身が多い。例えば二十人の日本軍兵士が、三十八人の朝鮮人女性をあちこちから引き立てトラックに乗せ、中国の慰安所まで連れていき、報酬も与えないまま奉仕させたという証言。これは一九三八年のことだというのですが、この段階ではまだ慰安所はできたばかりで、その頃からこうした組織的連行が行なわれていたとしたら、大騒動になっているはずです。それにこれがもし本当なら目撃者を立てて韓国のマスコミがばんがん報道するはずなのに、やっていない。

確かに誘拐同然の方法による「募集」は一部にあったと思います。しかしその場合もやったのは現地の業者だったと思われます。

上坂　日本軍の名を騙って……。

国境を越えた反体制団体

秦　ですから一九三八年に、軍から警察にそうした不法行為の取り締まりを要請する通牒も出ています。軍としては、業者やブローカーが親や本人と金銭による納得ずくの契約を結ぶことを望んでいたわけです。では「強制連行」という言葉の実質は何か？　朝鮮半島や台湾などの旧植民地地域の住民に対する「徴用」や「徴兵」は戦争末期になって施行されたものですが、法的裏付けがあり、「強制性」もあった。それを「強制連行」と呼ぶのは誤解を招きます。いずれにせよ慰安婦の徴集はカテゴリーが別です。

上坂　アジア女性基金のパンフレットに、慰安婦「制度」という表現が繰り返されていますが、制度といいきるのはおかしい。慰安婦は軍の「黙認」のもとに存在していたというべきでしょう。だとすると日本に限ったことでなく戦時下の諸外国でも、ごく常識的に行われていたことです。

秦　それがクマラスワミ報告が国連で、ああした玉虫色の表現で落ち着いたゆえんだと思います。西側諸国もみんな脛に傷持つ身だからあまり問題を大きくしたくない。要するに民間基金にしろ日本はお金を出すと言ってるんだから、それでNGOも日本政府も顔が立つではないかと判断した。

上坂　ところが、慰安婦支援運動グループはカネの問題じゃないといっている。

秦　よく考えてみれば、慰安婦に関して日韓共同調査が行なわれたといいますが、韓国側は民間組織だけで、政府は頑として応じなかったんですよ。というのは徹底的に調べてしまえば、さきほど出たような朝鮮人ブローカーが誘拐をしていたというような話が事実として出てきてしまう。あるいは当時の村長や警察官、慰安婦たちの家族までそれを知っていたということになればまずいから、明るみに出したくない。

見方を変えれば慰安婦問題は我が国ばかりでなく、政府と反体制的な運動体との間の国内問題なんですね。それどころか、慰安婦は政治運動の格好のシンボルになっているんですよ。

ですから中国では、現政権を揺さぶる反体制運動、それも国外の組織と結びついていることに警戒感をもっていて、日本の運動体が元慰安婦を連れて行って公開討論会を開こうとしたが、元慰安婦にはビザがおりなかったし、会場ではいきなり電気が消されてしまうという出来事すらあった。韓国政府も、日本政府の補償はいらない、韓国人慰安婦の面倒は自分でみるという公式的立場を崩していません。

上坂　要するに日本がいかに悪かったかと日本人の側から言い立ててことを大きくしたわけで、教科書問題と似ています。盧泰愚大統領も日本の言論機関が韓国国民の反日感情を焚きつけたといってますね。

秦　アメリカ政府に補償を求めても応じないのははっきりしているが、日本政府なら揺さぶれば出る、という見込みで次から次に戦後補償の要求が出てきているわけです。

上坂　日本はアメリカに原爆の補償を要求するどころか、ヒロシマ・ナガサキで被爆した外国人の治療まで引き受けています。サンフランシスコ平和条約でそう決められたからです。調印前にさかのぼって補償をいいつのったことなどありません。

そういえば先日テレビで、アメリカ政府は戦時中の日系人の強制収容に対して二万ドルを補償したから、慰安婦にも国家補償をと語った人がいてびっくりしました。アレとコレは別問題なのに。戦時中にアメリカは敵国のドイツ人もイタリー人も強制収容せず、日本人および日系人だけ収容しています。日本の血だけを差別したのですから、お詫びや補償は当然でしょう。

元慰安婦への補償金は二百万円を下回らないことになっているそうですが、ならば戦後に戦犯として殺された韓国や台湾の戦犯とその遺族への補償はどうなるのですか。十数年前、韓国人戦犯の遺骨返還に際して厚生省から支払われたのはたった三千円でした。民間団体がここに三十万円添えましたが、私も見かねて個人として見舞金をおくったのを思い出します。戦犯として命を取り上げられてさえ、日韓条約にもとづけば日本政府としては三千円ですよ。

秦　その矛盾が日本の戦後補償全般にからむ重要な問題点ですね。今の若者たちの間には、もう五十年以上前のおじいさんの世代のことなのに、前世代の老人の年金負担ばかりでなく戦後補償までしなければならぬのか、と不満の声が出はじめている。今年七月から改定される中学の教科書には、一斉に従軍慰安婦のことが載せられることになったんですよ。それも「朝鮮人女性を慰安婦として従軍させ、ひどい扱いをした」というような表現が並びます。

上坂　それにしても「アジア女性基金」というのは、曖昧な部分が多過ぎます。まず、パンフレットに「従軍慰安婦にされた方への償いのために」とありますが、されたとなれば強制連行でなければならないし、償いとなれば罰を科せられたことになります。いずれも確たる根拠がないというのに、どうしてこれほど断定的な言い方をするのでしょう。思うように寄付が集まらないのは、こういう表現への反発もあると思います。「従軍慰安婦だったと名乗り出た人の見舞金のために」と、正確に書けばお金を出す人も増えたでしょうに。選挙を控えて、社会運動家に政治家が弱腰なのは分からぬでもありませんが、声の大きなほうだけに気を遣えば多数の無言の良識からしっぺ返しを受けることになるでしょうね。

秦　広島の原爆資料館の横に「過ちは繰り返しません」という碑があるように、日本では面倒な問題の時は主語を抜かす癖がありますね。女性基金にしても、誰が強制したのか、どうとでもとれるようにしてるんじゃないですかね。

上坂　責任の所在を明らかにしないで償えというのが無茶なばかりか、見舞金の二百万円も、誰から誰に渡すかはっきりしていないというじゃありませんか。

解決の糸口はない

秦　私はそれをすっきりと確定させるのは実は無理なんじゃないかと思っているんです。まず今行なわれている訴訟でも〝強制連行〟が立証されて、国家賠償が認められる可能性はまずないだろう。反面、民間の見舞金を渡そうにも、元慰安婦たちの支援団体が、受け取らないようにガードしている。個々の慰安婦に聞くと、中には見舞金でもいいから欲しい、という人はかなりいるようなんですが。

上坂　従軍慰安婦だったと名乗り出た個人に宛てたお金でしょう？　支援団体が仲立ちすべきスジではありません。

秦　アジア女性基金は事務局に数人しかいない小さな組織で、原則として支援団体を通してしか元慰安婦について把握していません。だから渡そうにも名前も住所もわからない。

支援団体からすると、彼女たちは元慰安婦であることを家族にも隠しているのだから支援団体を通じて、ほとんど匿名の慰安婦たちにお金を配分するのだ、ということになる。

上坂　仲介者を通せば、お金の流れがはっきりしなくなるでしょう。本人に直接渡せないはずはありません。例えば、支払い先の国のテレビ局で公告して、「アジア女性基金からお知らせします。元慰安婦の方は○月○日までに、ここへご連絡ください。秘密は厳守します」というような形はとれませんか。

秦　それは支援団体が全力を挙げて阻止するでしょうから、無理ではないかと思います。元はアジア女性基金も支援団体も同じような動機から出発したのにもかかわらず、支援団体側は基金賛同者を政府側に寝返ったと攻撃している。それで両者が元慰安婦たちを奪い合うような格好になって、板挟みになった三木睦子さんは基金を抜けることになった。もはや渡しても地獄、渡さなくても地獄という袋小路に来てしまっています。また、韓国やフィリピンだけなら数百人レベルですが、インドネシアでは二万人以上が名乗りを挙げており、それを全部カバーするには数百億円が必要です。またフィリピンや台湾など各国それぞれ物価水準が違うのに、見舞金は一律でいいのか等の難題は山積しているが、解決の糸口は見つかっていません。

このまま行けば基金は早晩行きづまり、幻想ばかり振りまいてアジア諸国の内部を混乱させたあげく、お金は払えないというんじゃ、日本はかえって恨まれる始末になる。何とも罪深いことだと思いますよ。

宙に浮く詫び状

上坂　そもそもの種を蒔いた宮澤総理と河野官房長官の責任は重大ですね。村山総理はアジアへの侵略的行為があったと認めました。諸般の事情から極端に考えのちがう総理が政権についた時期があったとはいえ、その発言の穴埋めを一部税金によって運営しているアジア女性基金でまかなうのは納得できません。

秦　村山さんの時にすでにお詫びの手紙をつけて見舞金を出します、ということを約束してしまっているから、後任者としても簡単にはひっくり返せない。でも本来は順序が逆で、相手が見舞金を受け取ることを認めた上で、額やどの位の範囲に支払うのかを決め、最後にお詫びの文面を考えるのが通常の手筈でしょう。しかし今は相手が受け取らない、と言っているのだからお詫びだけ書いても意味がない。

上坂　アジア女性基金の原文兵衛理事長は「受け取ってくれない人は時間をかけて説得したい」ですって。詰まるところ政治力学の問題ですから強いリーダーシップを持った政治家がスジを通さないと解決しないでしょう。

最後に一言いわせてください。日本は戦後に千人を越える戦争犯罪人の命と引換えに、平和条約の調印にこぎつけています。戦後補償にしろ戦争責任にしろ五十年もたってからツベコベいわれる理由はありません。でなければ、あの千余人の命は何だったというのでしょう。

秦　現実的に考えると、詫び状の件も含めて現状のまま棚上げしてしばらく冷却期間を置き、その間にもう一度原点に戻って事実関係の調査からやり直すしかないと思うんです。今のままだとすべてが茶番と化してしまう。

上坂　日韓はワールドカップをいっしょにやる仲じゃないですか。いま口角泡飛ばすのもいいけれど、六年後にはこんな論議は笑いモノになりますよ。

従軍慰安婦問題を50年後に断罪するな

(『諸君!』一九九六年十一月号)

保阪正康《ほさかまさやす》(昭和史研究家)

平時から見れば、戦時下の戦場で演じられる日常光景はすべて悪業に類するおぞましさを抱えている。なぜなら戦争はそれぞれが戦争目的を掲げ、国家総力戦(とくに第一次大戦以後)をもって相手国の戦力を壊滅し、その戦闘意欲をそぐことを目的とするからである。

相手国の戦力を壊滅したり、その国民の戦闘意欲をそぐためにもっとも有効な手段は、〈大量殺戮〉である。他者の死が日常光景のありふれた姿になり、生存の不安に脅える日々があたりまえになったとき、国家の戦争目的などたちまちのうちに瓦解してしまうのは、太平洋戦争末期の日本の実態を見れば容易に理解できる。

平時となって改めてふり返れば、四十四カ月間の太平洋戦争下でえがかれた日常光景のひとつひとつはおぞましいことだらけだ。戦時指導者たちの歴史観や理念を欠く戦時指導は、どれほど批判されても批判のしすぎということはない。しかしだからといって、平時の尺度でのみあの時代を糾弾するのは、次代の者に与えられた特権とはいえないだろう。自らの問題意識や姿勢として、たとえば〈女性への性差別や人権意識の欠如を問う〉というテーマに基づいて、あの時代の局部的な一点を抽出してそれを糾弾するというのでは真に教訓を学ぶということにならないのは当然であろう。

従軍慰安婦問題を激しく糾弾する論者に、私は、しばしばそのような一点抽出の視点を感じる。現在（平時）のテーマをもって、あの時代にのりこむという危さを感じるのである。もし女性への性差別や人権意識の欠如を問うというなら、ことは従軍慰安婦問題に限らない。それこそ幾つもの問われなければならない問題がある。

敗戦直後に日本占領でのりこんでくるアメリカを始めとする連合国に対して、日本政府内部では慰安施設をつくるために予算をさいたが、その折りに「一億円程度で子女たちの貞操が守られるなら安いものだ」といった閣僚の発言、戦時下で作戦指導にあたった高級指揮官が〝内地〟から慰安婦に類する特定の女性（芸者）を連れていき囲っていた事実、日本の軍事指導者が昭和十年代にドイツに傾斜したときのドイツ高官から貢がれた女性による接待作戦、幾つも存在するのだ。これはなにも日本だけでなく、中国では日本軍将校を籠絡するために女性はその肉体をもって情報収集をしていたというし、アメリカ軍にしてもサイパンなど日本の将兵や民間人が玉砕した地では、女性への性差別や人権侵害の例は少なからずあったのだ。

こうした幾つもの事実に目をつぶり、従軍慰安婦問題だけを「女性への性差別」や「軍隊による組織的な性暴力」というテーマで論じるのは納得できないことだ。従軍慰安婦問題を論じる論者は、なにも大仰なテーマを振り回すのではなく、「かつてあの戦争で日本軍将兵に暴力的に性の慰安を強制された朝鮮、中国を始め東南アジアの女性たちがいる。その女性たちはその後は苦しみを抱えて生きてきた。(私たちは) その事実を知って、これは許せないと思う。このような悪業を成した日本軍の責任を問い、日本政府の謝罪を要求する」という一点で、論陣を張るべきであろう。私はその論理にはあるていどの説得力もあるし、それには肯く点もあるように思う。

しかし、そのような視点で断罪するときでも、現在(平時)の規範での糾弾は、被害者の女性たちの証言とその事実の検証を両輪としたうえでなければ、それは政治的であり、自分たちだけが〝正義の士〟であるとする、単なる傍観者の言でしかないと知るべきだ。

「おわびの手紙」の非礼

以上のような考えをもとに、私は本稿を書き進めるが、この（平成八年）八月十四日から「㈶女性のためのアジア平和国民基金（アジア女性基金）」が、いわゆる従軍慰安婦の人びとに償い金（一時金）を渡すことになり、それには橋本首相の「総理のおわびの手紙」が添えられることになったという。その五百字たらずの手紙は、「いわゆる従軍慰安婦問題は、当時の軍の関与の下に」と言い、「数多の苦痛を経験され、心身にわたり癒しがたい傷を負われたすべての方々に対し、心からおわびと反省の気持ちを申し上げます」と述べている。

そのうえで、「わが国としては、道義的な責任を痛感しつつ、おわびと反省の気持ちを踏まえ、過去の歴史を直視し、正しくこれを後世に伝える」と約束している。

例によって、従軍慰安婦問題を糾弾する論者（前述のように一点抽出派というべきだが）は、「正式の謝罪にはなっていない」といった批判を浴びせている。被害者の気持をどれほど理解しているのか、という類の批判も紹介されている。だが私はこの論とはまったく対極の立場から「正式の謝罪になっていない」と考える。前段の「心からおわびと反省」は、当時の事実関係を詳細に調べたうえでの意味ではない。まず政府がなすべきことは、「当時の事実関係を詳細に調べ、そのうえで非があれば謝罪すべきは謝罪し、誤認や誤解があれば、それはとりのぞく」という約束だ。この一項を加えなければ「正式の謝罪にはなっていない」のである。

事実関係を具体的に調べ、その報告書をまとめる努力を明らかにし、そうしたうえで謝罪すべきは謝罪すると伝えなければ不誠実というものだ。

謝ればいい、あれこれ批判の声もあるのだから謝ってすむことなら……というのが、この手紙からは窺える。この不誠実さが、これまでどれだけ誤認と誤解をはびこらせる因であったかという教訓は生かされていない。単に謝ればいいというのは、実は相手をどれだけ愚弄していることか。かつての日本軍が何を成したのか、その責任はどうなっているかの説明もなしに謝るというのはむしろ非礼である。たまたま目についた、あるいは声の大きい者には謝罪するが、そうでなければ知らぬ顔をするという姿勢が感じられる。

平時で戦時を見る歪み

後段の「おわびと反省の気持ちを踏まえ、過去の歴史を直視」して、それを次代に伝えるという意味は、次代の者に対しても非礼である。自国の歴史を理解するうえで、次代の者がその前の時代を自省するか否かは、なべて彼らの自由裁量による。客観的事実を伝えたうえで、どのような判断をするかはそれぞれの時代に任せるべきだ。ある時代の価値観を次の時代に強要するのは、その時代に生きた者の傲慢さでしかない。

一例を引くが、私（五十代）の時代は「戦争は悪」という前提のもとで歴史教育が行なわれた。本来、その前提はわれわれが歴史的事実を検証したうえで、確認すべき教訓である。それが教訓のみ提示され、それに合わせて歴史的事実を確認していったために検証能力が著しくそがれることになった。そこで起こった現象は、口あたりのいい要領のいい人物が正義の士と受け止められ、人間を見つめる目が著しく片よることになった。教科書裁判の家永三郎氏などはその典型例というべきだ。

橋本首相のおわびの手紙は、「とにかく謝りなさい」という強要である。この非礼さは、たぶん次代からは相応の批判を受けるだろうし、また受けて当然なのである。

いわゆる従軍慰安婦問題について、それを糾弾してやまない論者の論点は、幾つかの事実や実相を見落としているように思う。その基本的な態度は、前述のように「平時で戦時を見る」という視点の位置である。被害者（いわゆる従軍慰安婦）が「過酷な人権侵害状況に置かれたのは」とか「軍事的性奴隷制がアジアの女性に加えた犯罪性」などというその視点の歪みである。人権侵害とか犯罪性というなら、あの時代の戦時下の様相はすべてそれに該当する。

私は、日中戦争や太平洋戦争を例にとりながら、昭和陸軍の実態を検証し続けているが、そこで理解しなければならないのは次の点だと実感する。

戦時下という非日常の状態にあっても、兵士は日常の営みをもっているということだ。このあたりまえの事実を、次代の者は忘却している。たとえば、昭和十六年十二月八日から二十年八月十五日まで、日本本土では朝から夜までアメリカ軍の攻撃にさらされていたかのように考えたり、兵士たちはそれこそ終日アメリカ軍兵士との間で銃火を交していたかのような理解はまったくの錯覚だ。

兵士たちは、大本営の命令によって東南アジアのある地域に投入される。たとえばこのとき、兵士たちは防諜と称して行く先も知らされていない。とにかくニューギニアとかフィリッピンとか、あるいは兵士たちにとっては名も知らなかった南方の孤島であったりする。そこで陣地や飛行場を構築する。守備態勢に入る。そこにあるのは、平時とかわらない日々の生活である。むろん戦時下であるから、その生活の目的は、「皇軍兵士として上官に命じられた地を防衛する」とか「アメリカ軍の攻撃があればその地を死守する」といった点にある。だが日常生活は、食べ飲み、仲間と談笑し、訓練し、そして眠る。読書好きの者はわずかの自由時間をさいて書を読む。ときに長期戦に備えての自活作戦ともなれば、畑を耕し、野菜なども栽培するのである。

戦略的に重要な地域なら、アメリカ軍の攻撃機が飛来することもあり、そういうときには緊張状態になる。生の日々が死を意識せざるを得なくなるからだ。兵士たちは、そういう緊張状態になって初めてここは戦場だと実感させられる。

さらに、その地が現実にアメリカ軍の攻略目標に選ばれると、アメリカ軍の航空兵力、輸送船団、それに上陸してくる兵士との戦闘態勢に入る。そして大本営（あるいは派遣軍司令部）からの命令にもとづいて、戦闘が始まる。そのときから、戦争という非日常空間の中にもうひとつ別な非日常が新たに始まるのである。

その戦闘が短期的に結着がつくと、日本軍兵士は戦死するか、捕虜になるか、それとも玉砕するか、自決するかなどの運命を甘受することになる。非日常空間の中に突然おそってきた非日常が戦時下でいつまでも続いたわけではないということは理解しておくべきだ。

日常の営みとしての性

もとより日々が戦闘という部隊もある。長期戦になって、日本軍とアメリカ軍が対峙するという状況、あるいは日本軍が降伏を受けいれずにゲリラ戦に転じるという状況、さらに満ソ国境に配備された兵士、中国各地や東南アジアの要域で抗日の人たちの抵抗運動にさらされている部隊の兵士などは、日々が戦闘になる可能性があり、それだけに死への恐怖と緊張感は大きい。

兵士たちが平時と同じに日々の生活を送っているとき（非日常の日常）、そこには性も当然つきまとう。日常の営みとしての性が必要になる。その性がどのように解決されたか、性の場がどのように確保されたか、それがいわゆる従軍慰安婦問題を考えるときの基本にある視点というべきだ。それは当然、公娼制度が存在した当時の日常の性意識の延長で考えるべきものである。むろん現在とはまったく異なる価値観だ。

アメリカ軍のように、一定期間兵士を戦場に送りこみ、また一定期間、その部隊の兵士を後方に下げ、休息を与え、性の処理をすませ、また戦場に出すというローテイションが円滑に行なわれていたら、日本軍の下士官や兵士も性の処理に困ることは少なかっただろう。兵士を人間として認め、その性欲をおさめるための配慮をする軍隊に対して、日本軍はそのような配慮には著しく欠けていた。それは確かに日本軍の欠陥ともいえる。しかし、一方でアメリカ軍内部においても、女性要員が自由恋愛の名のもとに慰安婦的役目を果たしていたともいわれている。そのことの実態もまた問われるべきではないだろうか。

日本軍の兵士たちは総じて性に関してどのような態度をとっただろうか。

自らの駐留地が戦場と化す前の段階で、彼らは平時と同じ性行動をとる。性体験がない初年兵は自らの平時のときと同じだし、補充兵はすでに結婚していたりして、性体験ももっているから、その地の然るべき場所に出入りをしたり、あるいはその地の女性と恋愛関係になって肉体関係をもったりする。こうした恋愛や性行動は、当然といえば当然であって、彼ら兵士たちを性の悩みをもたない、あるいはもつべきではないと捉えるのは、あまりにも異様な人間観察で、従軍慰安婦問題を声高に論ずるもののなかには、このような性行動そのものを否定するような愚見さえも見出すことができる。

慰安所より菓子を

慰安所は、軍司令部、連隊司令部などがそれぞれ独自の判断で開設したもので、それはすべての駐留地や前線（『非日常の非日常』）に存在したわけではない。昭和十八年三月に、第五師団（司令官山本務中将）がオランダ領ケイ諸島のトアールに司令部を移したとき、参謀長の馬淵逸雄は、各連隊をつうじて兵士たちに、「慰安所がほしいか、それとも甘味類菓子の補給を希望するか」のアンケートを採った。兵士たちは圧倒的に甘味類菓子を希望したのである。前線に送られる兵士たちは、「性」よりも「甘味」を望むのが一般的姿だった。

この種の記録は表向き保存しないために、結局は証言に頼る以外にないのだが、第五師団に所属した兵士の集まりである戦友会の証言を確かめていくと、慰安所はほとんどの地で見ることはなかったという。

誰でもがそうであるように、人は時代を選んで生きられるわけではない。この時代にたまたまめぐりあわせて事情も知らずに戦いを強要された兵士たちのなかには、慰安所の意味さえも知らずに逝った者が多いことを理解すべきである。買春は当時の日本の公娼制度の枠内で許容されていたわけだが、それを拒んだ兵士たちの存在について次代のわれわれは明確にその意思を汲みとるべきであろう。それは日本軍が集団で従軍慰安婦を慰みにしていたとの一部論者の評をくつがえすことなのである。

現実に、南方各地に日本軍が進出していったとき、現地のその種の女性が必ずその駐屯地前にあらわれる。彼女たちはそれまではオランダ兵やイギリス兵を相手にしていたわけだが、そのような女性の誘いにのってはいけないと説き、「(いずれ結婚する)日本女性のために身をきれいにしておけ」と訓示する将校も確かに存在したのである。

慰安所が初めて誕生したのは、昭和十三年春とされている。中国戦線でのことで、このときに上海派遣軍の兵站部が慰安所管理をすることになった。そのかぎりにおいては、軍が慰安所に関与したのはまちがいない。この最初の慰安所開設については、軍医の麻生徹男が書き残している。彼の記録には次のようにある(伊藤桂一著『兵隊たちの陸軍史』に収録されている記録からの引用)。

「昭和十三年の初め頃、当時上海派遣軍の兵站病院の外科病院に勤務していた私へ、軍特務部より呼出しが来た。なんでも婦人科医が必要であるとのこと。(略)命令に曰く『麻生軍医は近く開設せらるる陸軍娯楽所の為、目下其美路沙涇小学校に待機中の婦女子百余名の身体検査を行ふべし』と。直ちに私ら一行、軍医、兵隊、それに国民病院の看護婦二名を加えた十一名にて出かけた。これが日支事変以後大東亜戦を通じて、兵站司令部の仕事として慰安所管理の嚆矢となつた」

以下、麻生の記しているところによると、当時の軍の輸送には兵隊、軍馬の項はあっても婦女子の項はなかったので、物資輸送の項に含めたという。私の取材体験でも、兵站参謀の多くはそれを認めている。

麻生によると、このとき中国に送られてきた婦女子百余名は、朝鮮人女性と日本人女性で、朝鮮や北九州で募集された女性だったという。日本人女性はその筋の職業に従事した者が多かったのに反し、朝鮮人女性には「肉体的には無垢を思わせる者がたくさんいた」といい、こうした女性の一部は将校クラブに回されたそうである。

こうして始まった軍管理の慰安所には、十項目から成る規定があり、そこには「下士官兵軍属金弐円」とか「サックヲ使用セザル者ハ接婦ヲ禁ズ」などという項目が含まれている。この最初の慰安所開設からは、大まかにいって次のようなことがわかる。

㈠慰安所は下士官、兵士、軍属が対象だった（将校には将校クラブ付の女性がいたということ）。

㈡軍管理の慰安所には各種の規定があり、そこでは性のみが対象であった（飲酒などは禁止されていた）。

㈢性病の管理こそ設立の趣旨であった。

㈣中国戦線では補充兵による強姦事件が多発したが、慰安所はその防止が目的だった。このほかにも、慰安婦を軍の管理下に置くことで防諜の意味ももっていたことが指摘できる。しかし、もっとも軍が恐れたのは㈢の性病の蔓延であった。

性病との戦い

支那派遣軍参謀の起案した慰安婦管理案（注・性病防止）が陸軍の教育総監部の軍事教育の典範に載るのは、この最初の開設以後で、慰安婦については「人馬の衛生」四防疫の㈡の項に加えられたという。そこには、「性病ニ関シテハ積極的予防法ヲ講ズルハ勿論、慰安所ノ衛生施設ヲ完備スルト共ニ軍所定以外ノ売笑婦土民トノ接触ハ厳ニ之ヲ根絶スルヲ要ス」とあった。

性病は軍隊にとって宿痾ともいうべき面があり、日本軍もまたその例にもれなかった。一般的に戦闘によって部隊の兵士の死亡、戦病が三〇パーセントになると実質的には戦闘兵力集団としての意味を失う。だが性病が蔓延することは戦闘以前に部隊が戦闘集団でなくなるということだ。陸軍省では明治から大正にかけての海外に派遣した部隊と留守部隊の性病比率や府県別の性病の分布図をつくっては、戦闘集団の能力を確認していた。大正七年から十一年のシベリア出兵では、出征兵士七万人のうち実に一万人余が私娼などから性病に罹るという状態になり、戦闘集団の能力が著しく減殺されることになった。中国での長期戦ではこのときの状態が思い出されて、慰安所の開設につながったともいえる。

昭和初年代から十年代にかけて、陸軍には年平均五千二百人の性病患者がいたともいわれている。

私の手元には、第一師団第三連隊の連隊長に赴任した永田鉄山が、昭和三年七月に改正した「内務ニ関スル仮規定」という原本があるが、それには「花柳病患者」の氏名をつねに軍医が報告するよう命じ、むろん風呂も別、小桶は患者用のを用いるべきといい、「各電話機ニ備付アル消毒液ヲ以テ通話ノ都度送話機ヲ消毒スルモノトス」という具合に、こまかくその日常生活を監視していることがわかる。将校は休日の外出にあたっては、公娼との接触に気をつけるよう執拗に兵士に訓示をくり返したともいう。

上海派遣軍が関与した慰安所第一号のあとは、民間の業者にしだいにその運営がゆだねられていった節がある。先の軍医麻生徹男によるならば、この上海派遣軍の慰安所に呼応するかたちで、民間にも慰安所が生まれるようになったという。麻生の記述を引用すると、以下のようになる。

「民間側にても、江湾鎮の一角に数軒の慰安所が開設されるようになつた。この方は普通の民家を利用した建物構造で衛生管理、消毒施設など甚しく不徹底で、絶えず管理医官たる私のお小言を頂戴していた。然しサービスは前者にくらべると良いらしく、その看板の謳い、殺しの

文句にも、
〝聖戦大勝の勇士大歓迎〟
〝身も心も捧ぐ大和撫子のサーヴィス〟
てな具合にて前者の官僚統制型にくらべて、いかにも自由企業的雰囲気であった」

慰安婦との逃避行

こうした民間業者は部隊が動くにつれて、慰安婦を連れ歩いているが、そのときの交通手段はむろん軍の輸送船団に乗せられて移動している。ときに部隊が前線に赴くときに、そこに連れられてというケースも確かにある。民間業者のなかには最前線にまで慰安婦を連れていった例もあるが、最後には日本人慰安婦が朝鮮人慰安婦に白旗をもたせて捕虜にさせ、自分たちは玉砕した例もある。こうした最前線では「性の売買」を行なう余裕もなかった。

おそらく慰安所は、民間業者と派遣軍、方面軍の間の、あうんの呼吸で開設されたのであろう。占領部隊が戦域を占領確保するとそこにすばやく慰安所をつくったり、南方にあっては、後方の兵站部門の地に開設されたりしている。つまり司令部や連隊本部、大隊本部など直接に前線にならない地域に日々の営みの受け皿として慰安所は開設されたといえる（だがそこもやがて戦場となり、日本軍は撤退したり玉砕することになるが、そのときは慰安婦にも苛酷な運命が課せられた)。

一方で慰安婦と下士官、兵士、軍属などいわゆる買春する側の間に、独自の感情がかよいあったのも事実であった。

作家の伊藤桂一の前掲書の中に、「戦場で、青春の幾刻かを過ごした人たちには、多少なりとも、彼女ら慰安婦との交渉の記憶があるだろう。ときにはそれが彼の生涯における、最重要の意味を持つことになったりする。女房にも明かさない、彼ひとりきりの秘密としてである。死生の間において、肉と情を頒け合う交渉が、いかに切実甘美なものであるかは、それを体験した者でなければわからないかもしれない。単に荒涼殺伐な性だけが、戦場の風俗ではないのである」という表現がある。

むろんこの感情をもって、慰安婦という制度を合目的化するわけではない。だが、こうした事実は、戦場では数多く指摘できるのだ。

現役兵と慰安婦の恋愛、そして心中。あるいは絶望的な逃避行とてある。これはある部隊の参謀の証言だが、日本が敗戦になるや兵士と慰安婦がともに南方のある国に逃げだし、そこで戦後の生活を送っているケースも少なからず確認されているという。

私が指摘したいのは、戦場という非日常の非日常空間に追い込まれたとき、兵士と慰安婦の間にかよいあうのは性を媒介にして、「生本能」そのものを確認しあうという事実である。下士官、兵士、軍属が生きる時代を選べずして戦場に送られたように、慰安婦の女性もまた「ある事情（主に貧困だが）」でこうした状況に追い込まれたのだ。そこにかよいあうのは、自らの運命に対する怨嗟であろうが、この怨嗟を共有しているときにそこには相互を慰めあう関係が存在したのである。

兵士のなかには、慰安所にかよいつめるのは性のためではなく、そこの空間（女性と共にいるというその空間）で、軍隊のがんじがらめの生活から逃避し精神的充足感を求める者も少なからず存在した。私は、ある学徒兵から、その空間で煙草を吸い、女性と日常会話を交し、ときに哲学書を読んですごしたという内容の話を聞いたことがある。そのような兵士は決して少なくなかった。

慰安婦の人びとが名のりをあげようとはしないのは、むろん世間体や戦後の生活を守るためもあるが、こうした「生本能」を確認する儀式の重さゆえに名のりをあげない者もいることは理解しておくべきであろう。現に、私は南方のある国に取材に赴いたときに、慰安婦の体験をもつ人物からそのような言を聞いてもいる。

これ以上は私の主観が強くなるので詳述しないが、従軍慰安婦問題は、買春の側が単に性の捌け口としていたわけではないという視点を加えることで、戦争のもつもうひとつの苛酷な側面が見えてくると指摘しておかなければならない。

以上のような事実をふまえれば、従軍慰安婦問題に国（というより、それぞれの派遣軍、方面軍の兵站司令部という国家の末端機構）が関与したのは事実としても、その実態は当時の公娼制度の延長をこえてはいないだろう。その種の業者が女性を集め、管理し、下士官、兵士、軍属などに性を提供していた。軍医たちの証言によれば、そうした女性たちが性病にかかっているかを定期的に検診することが管理の実態だったともいう。

性管理システムはあったのか

ここで問題になるのは、慰安婦を集めるために、どのような手段が用いられ、どのような拘束がされていたか、である。この募集にあたっては、民間業者が朝鮮、台湾、それに東南アジアの国々で、それぞれの国のブローカーを使い、時には甘言や暴力、それに虚偽の内容（たとえば、「いい働き口があるから働かないか」といったこと）を用いて、女性を集めたことは当時の状況を考えると想像に難くない。

しかし、派遣軍や方面軍が具体的にどのような役割を果たしたかは明確にはわかっていない。むろん私は、それぞれの司令部にいる軍属などがときに民間業者と結託して慰安婦の斡旋にあたったことはあっただろうと思う。

私の取材では、南方のある国では通訳として軍属扱いにあった者が、自国の女性を日本軍将校に慰安婦として提供した例もあるし、オランダ人などを収容した収容所でオランダ人女性を半ば強姦まがいの行動で特定の将校専属の慰安婦としたケースもあった。そうした収容所の所長は戦後の現地の裁判で処刑されている。

問題は、こうした個別のケースを幾つも拾いだせるにせよ、それが「軍隊による組織的な性暴力システムが構築された」という批判の側の論者の言があてはまるか否かということだ。現在のところ、派遣軍や方面軍が組織ぐるみで慰安婦を強制的に連行したという客観的な裏づけがとれる状態にはない。大本営やそれに類する機関からの具体的な指示は確認されていない。

なぜ私がこのことにこだわるかといえば、それは日本軍の組織体系を擁護するという意味ではなく、日本軍にはそのような性管理システムをつくりあげるだけの余裕はなかったという事実を指摘したいからだ。

もっと具体的にいうならば、性管理システムを円滑につくりあげる余裕をもっていたなら、日本はアメリカなどのように兵士を生理をもつ人間と見なし、その受け皿をつくるために効果的な動員態勢をとったと思うからだ。兵士たちに休暇を与え、兵站地域に休息で戻し、そして性すらもそうした場で発散するようなシステムをつくりあげたにちがいない。

私は、従軍慰安婦問題に関して明確な調査もなしに、そして幾つかの特定の派遣軍、方面軍だけのケースをもって全体に敷衍する見方に異議を唱えたいと思っているのである。

この見方は、つまりは日本軍の性管理の真の問題をきわめて矮小化するにすぎない。それは、特定の高級指揮官や幹部将校が成した性の放縦さと兵士の性にひそんでいた「生本能」とを峻別することを避けるだけでなく、問われるべき本質的な問題を歪曲することになりかねない。

次の世代への責任

私は、いわゆる従軍慰安婦といわれる女性が、日本、朝鮮、中国、それに南方の国や地域にどれほど存在していたか、そのことを定かには知らない。実際に、その数字を確かめようにもその資料はない。だが、従軍慰安婦問題を一方的に否定する論者はそのことを逆手にとって恣意的、意図的に自らに都合のいい論理をつくりあげているように思える。

加害者であれ被害者であれ、歴史的証言にはどのような証言内容も検証されうる宿命をもつ。それはなにも証言を否定するという意味ではなく、可能な限りその証言を客観化していくという歴史の検証能力の蓄積のためである。一体に民間業者が「国」の名を騙って成した独断的悪業が国の責任にすりかえられているというのも事実だ。現に、ブローカーの役を果たしたという日本人吉田某の証言など、客観的にはまったく裏づけられていない。

歴史の検証能力を磨くことの労を怠り、自らの平時の尺度を前面に押しだし、それに見合う事実を集め、声高に批判をくり返すとき、それは歴史そのものを愚弄しているだけでなく、その姿勢そのものが次代に検証されうる宿命をもつのである。

その宿命は確かに今すぐにという具合に結論がでるわけではない。だが客観性を欠いていれば、それはある時代の単なる一人よがりの正義の言だったということにすぎないではないか。

従軍慰安婦問題に限らず、太平洋戦争で問われる問題は、現実にはまだ幾つもある。

そうした問題は、これからもさまざまなかたちで火を噴くことが予想される。あの戦争の同時代の人たちがそのような問題を放置したツケが次代に過重な負担と責任を強いている。そして、そのツケが政治的に巧みに利用され、過重な負担と責任をさらに倍加させている。現在必要なのはこうした積み残しの問題をもういちど調査し、事実を確認することである。その上でもし非があるのなら、国としての謝罪と補償はそのあとに機敏に行なわれるべきであろう。

これ以上、次代に負担を負わせる権利が今の時代の者にあるというのだろうか。

「従軍慰安婦」で誤報を検証しない朝日新聞の「無責任」

（『週刊文春』一九九六年十一月二十八日号「ニュースの考古学」）

猪瀬直樹《いのせなおき》（作家）

こういうことを無責任と言うのだろうか。従軍慰安婦についての朝日新聞の一連の報道である。

吉田清治という人物が、従軍慰安婦を強制連行した、と体験をまじえて証言した。その証言とその著書は、朝日新聞が従軍慰安婦問題を報じたり論じたりする際、幾度も紹介された。ところが、秦郁彦（『昭和史の謎を追う』）や上杉千年（『検証従軍慰安婦』）などの調査で、すでに証言が虚偽であると判明している。

従軍慰安婦の存在は誰もが否定しない歴史的事実である。だが従軍慰安婦は強制連行によるものかどうか、不明な点が少なくない。朝日新聞は強制連行説で、産経新聞は強制連行はなかった説である。あえてどちらが正しいとは言わない。事実を争えばよい。その場合、論証はフェアに行われなければならない。誤報があれば訂正すべきだろう。誤報なら立論自体が再検討を迫られる。あるいは、別の根拠を見いだせば主張は続行できる。これが論争のルールである。

ところが朝日新聞は、吉田証言が間違いであると証明されたのに未だに明確な態度を示さない。このコラムでプレスオンブズマン制度について触れてきたが、メディアは明らかな誤報について検証する責務があるのだ。

＊

「山口県労務報国会下関支部」の動員部長で「朝鮮人約六千人を強制連行した吉田清治さん(77)」にインタヴューした記事の一部を引く（朝日、一九九一年五月二十二日付）。

「従軍慰安婦として使えそうな若い女性を強制的に、というか事実は、皆、木剣を持っていましたから殴る蹴るの暴力によってトラックに詰め込み、村中がパニックになっている中を、一つの村から三人、五人、あるいは十人と連行していきます。そして直ちに主要都市の警察署の留置場に入れておいて、三日か五日の間に、予定の百人、あるいは二百人の人数を揃《そろ》えて、朝鮮の鉄道で釜山まで運び、釜山から関釜連絡船で下関へ運んだのです。下関では七四部隊といって陸軍の部隊がありましたが、そこの営庭で前線から受け取りにきている軍属に渡します。

そしてご用船で中国、あるいは南方へ送るという業務を三年間やっておりました」

　こんな具合に、吉田証言が紹介されている。一九八三年に三一書房から出版された彼の著書『私の戦争犯罪――朝鮮人強制連行』には済州島での強制連行の情況が生々しく描写されている。

「（貝ボタン工場の）女工たちは竹籠の中から貝殻を、手早く鉄枠の中へ入れ、足踏み機械を操作すると、一銭銅貨より小さなボタンを同時に十個ばかりつくっていた」ところに吉田の徴発隊がきた。「隊員たちが素早く工場内の二箇所の出入口を固め、木剣を突きつけ」た。「女工たちはいっせいに叫び声をあげ、泣き声を上げ」、工場からは十六人の娘が徴用された。

　吉田の著書は八九年に韓国で翻訳出版された。慰安婦問題の火付け役になったわけである。ところが済州島で発行されている済州新聞に、そのような事実が存在しない、とする許栄善《ホヨンソン》記者の署名記事が載った（一九八九年八月十四日付）。

「この本に記述されている城山浦の貝ボタン工場で十五、六人を強制徴発したり、法環里などあちこちの村で行われた慰安婦狩りの話を裏づけ証言する人はほとんどいない。島民は〝でたらめだ〟と一蹴し、この著述の信憑性に対して強く疑問を投げかけている」

　さらに記事には「二百五十余の家しかないこの村で、十五人も徴用したとすれば大事件であるが、当時はそんな事実はなかった」との古老（八十五歳の女性）の証言や、独自に追跡調査して事実でないと確信している郷土史家金奉玉《キムポンオク》の「この本は日本人の悪徳ぶりを示す軽薄な商魂の産物と思われる」と憤慨している様子が書かれている。秦郁彦は実際に済州島へ行き調査した。

「職業的詐話師」の証言

ところが九六年二月にラディカ・クマラスワミ国連特別報告官（女性＝スリランカの法律家）が発表した報告書（「戦時の軍事的性的奴隷制問題に関する報告書」）では「吉田は戦時中の経験を記録した手記のなかで、国家総動員法の労務報国会の下で千人に及ぶ女性を慰安婦とするために行われた人狩り、とりわけ朝鮮人に対するものに参加したことを認めた」とされている。「軍慰安所設置および慰安婦徴集には、日本軍はもちろん、国家ぐるみで関わっていたことは明らか」（『従軍慰安婦』岩波新書）と主張する吉見義明は、朝日新聞と同じ強制連行説に立つ。だが吉見も、さすがにクマラスワミ女史宛に「吉田氏に関連する部分は必ず削除することをお勧めします」と手紙を送った。吉見は秦と対立するが、吉田証言の信憑性については、これを否定せざるを得なかった。

秦郁彦は、吉田清治を職業的詐話師《さわし》である、とさえ言い切る。経歴について調査すると明らかな矛盾も出てくるからだ。取材者が取材相手に騙される、ということはめずらしくはない。

つくり話のうまい証言者がいることは、僕自身も経験で知っている。騙されないよう細心の注意が必要だが、騙されてしまったら再取材して訂正するしかない。朝日新聞は、なぜそうしないのか。

それにしてもたった一人の詐話師が、日韓問題を険悪化させ、日本の教科書を書換えさせ、国連に報告書までつくらせたのである。虚言を弄《ろう》する吉田という男は、ある意味ではもう一人の麻原彰晃ともいえないか。

密約外交の代償　慰安婦問題はなぜこじれたか

（『文藝春秋』一九九七年四月号）

櫻井《さくらい》よしこ（ジャーナリスト）

（一九九七年）四月から慰安婦問題が歴史教育の一環として中学生に教えられることになった。

この件については賛否両論あるが、私自身は、教えるのであれば教えてもよいと考えている。一般論であるが、たとえ対象が子供であっても事実関係は出来るだけ全貌を伝えていく方が物事への理解が深まると考えるからだ。

しかし、慰安婦問題の全体像は一体どこを基準に結べばいいのか。論争は強制連行の有無を軸に、償い金か国家補償かの問題もからんで、イデオロギー的な対立の様相さえみせている。

だが、主義主張では歴史の本当の姿は見えてはこない。事実はどうだったのかという点が重要である。

この問題について、旧日本軍が慰安所の設置や管理に関わっていたこと、自分の意思に反して慰安婦にされた女性たちがいたこと、その点では強制的な要素は否定できないことがすでに明らかにされている。

第二に、旧日本軍が募集の段階から関わったという強制連行を狭い意味でとらえた場合、そのことを示す資料が、現段階では発見されていないことも多くの人々が指摘している。

第三に、にもかかわらず女性たちを強制的に徴用したという狭義の強制連行について、九三年八月に河野官房長官は談話によってこれを認め、謝罪している。日本政府を代表しての表明であるから、このことによって国際的にも日本が慰安婦の強制連行を認めたものと認識された。

一体どんな資料を政府はもっていたのか。なにが決め手だったのか。その点を中心に日本政府が強制性を認めて謝罪した九二年及び九三年の当事者たちを取材した。そこから浮かびあがってきたのは、事実を軸にして歴史を見つめるという姿勢よりは、歴史を政治の材料として扱ってしまったという現実である。取材に応じてくれた、加藤紘一氏、河野洋平氏、石原信雄氏らの証言を中心に考えてみたい。

第一回目の謝罪――一九九二年一月

慰安婦問題について、日本政府としてはじめて旧日本軍及び政府の関与を認めて謝罪の意を表明したのは加藤紘一氏である。九二年一月十三日、宮澤内閣の官房長官としての談話が、その謝罪表明だった。

加藤氏は同日夕方の記者会見でまず「筆舌に尽くし難い辛苦をなめられた方々に衷心よりおわびと反省の気持ちを申し上げたい」と謝罪し「従軍慰安婦の募集や慰安所の経営等に旧日本軍が関与していたことは否定できない」と述べた。旧日本軍の関与の程度については「これからの調査を待たなければ分らない」としながらも、日本政府、軍としての関与を明確に認めている。

もっとも、加藤官房長官談話を待つまでもなく、日本人の多くが慰安婦という存在を軍の全体の仕組のなかにとりこんだ当時の状況そのものに、強い疑問と嫌悪感を抱いているのではないだろうか。

第二次世界大戦における日本の汚点のひとつ、南京事件に関連して軍医の早尾乕雄という人物が書き残した資料がある。「戦場神経症竝《ならび》ニ犯罪ニ就テ」という報告書である。金沢医科大学教授、予備陸軍軍医中尉だった早尾氏が、日本軍兵士を南京虐殺へと駆りたてた動機や心理を、兵士たちの診療をとおして、或いは現地視察に基づいて科学的に分析したものだ。

早尾軍医の報告は、あくまでも南京事件に到る中国の戦場の報告だが、その中に慰安婦問題についての記述がある。その記述からも当時の日本軍の精神の荒廃、疲弊ぶりが伝わってくる。報告書には次のように書かれている。読み易いようにカナを平仮名に改めた。

「長期に亘る過度の精神的緊張は精神機能を疲労に陥らしむるにより恰《あたか》も長く張られたる線楽器の線の切れ易きが如く事故を起す怖《おそれ》あり。精神弛緩も亦《また》危険を伴ひ犯罪頻発の原因となる」

「(兵士たちの)其《そ》の休養の方法宜しきを得ざりし為なるべく、遂に却つて堕する所となり、赫々たる功績も不良なる行為により汚さる者多し」

神経を張りつめていなければならない戦地で兵士たちは適切な休養を与えられることもなく、その結果犯罪に走ってしまう事態が頻発しているとの強い懸念を指摘しているのだ。中国戦地で兵士たちに与えられた〝休養〟について、早尾軍医は次のように記している。

「酒の豊富なりしこと慰安所の開設は更に人をして堕《おと》せしむる動機となりたるも憂鬱《ゆううつ》となる者は是等によるも遂に慰められず」

「種々なる慰問団は相踵《あいつい》で来れり。酒は切《しき》りに加給せられ慰安場は、益々増設せられたり。将兵は戦勝の歓喜に酔ひ、酒に女に是《これ》日も足らざる状態は継《つづ》けられたり。然れども其れのみを以て彼等は心を満されざりき」

南京事件という極限状況を舞台にしているとはいえ、戦地に赤紙で召集された兵たちの荒廃した心の一端を改めてみせられる思いだ。その延長線上によりはっきりとみえてくるのが、兵士たちの相手をさせられた慰安婦の女性たちの思いである。

戦地で、多数の兵たちを相手に性をひさがざるを得なかった女性たちの心は、如何ばかりであったろうか。どのような事情で行ったにしても、たとえ、自覚して行ったにしてもそれは耐え難い体験だったはずだ。まして自らの意思ではなく、騙されたり強要されたりして慰安婦にされた女性たちにとっては、絶望的、屈辱的な日々だったと思う。

同性として彼女らの心を思う時、語るべき言葉もないというのが私の実感だ。私たちの社会は、彼女らの受けた身心の傷にようやく手を差しのべようとしているが、この問題に関心のある人は全て、それぞれの立場で出来得ることを、今、していくべきだと強く思う。戦後はすでに半世紀以上がすぎた。被害者たちは老いつつある。この人たちの生あるうちに、出来得ることから手を尽すことが大事なことだと思う。

慰安婦としての体験の凄じさを認識すると同時に、私たちに課せられたもうひとつの課題は、多くの女性たちの人生を悲劇に落とし入れた慰安所は、どのようにして成り立ったのかを理解することである。子供たちに教えるのであれば、大人の私たちも、今こそ、慰安所の存在についての全体像、事実関係を識《し》っておくべきだ。その意味で、日本では意見の分れている募集も含めた強制連行について、日本政府が認め謝罪したのにはどのような理由があるのか、私は識りたいと思い当事者たちに聞いてみた。

加藤紘一氏には(一九九七年)一月十六日、自民党幹事長室で会った。私は加藤氏が九二年一月の談話で「募集も含めて日本軍の関与は否定できない」と述べた根拠についてまず聞いてみた。氏は「当時のことは詳しく覚えてはいませんけれど」と前置きして語り始めた。

「まず石原(信雄)官房副長官のほうから『これは謝らざるを得ない』という判断で僕に上がってきたわけです。また子供の頃、軍に行ってたおじさん達が『俺はやんなかったけどね、色々なことを戦争だからやったんだよね』という話をきかされていましたから」

加藤氏は、石原氏からの助言と子供時代に形成された「潜在意識」が自分の中にあったから日本軍による募集も含めた関与を認めたというのだ。だが官房長官という日本政府を代表する要職についている政治家が、右のような理由で、焦点となっていた歴史の事実関係に踏み込んで新たな見解を打ちたててよいのであろうか。そこでさらに聞いてみると氏は次のようにも答えた。

「募集に、その具体的な方法に軍が関与してたかどうかってのは、これは分らない」

「軍が直接募集していないから。軍としては、問題のおこらない方法で(業者に)募集して欲しいと思っていたでしょう」

たしかに加藤氏は先の謝罪談話で、募集にも軍が関与したと言ってはいるが、軍による強制連行だったとは言っていない。

この点について石原信雄氏は、当時はこの問題の重大性について認識が十分には深まっていなかったため加藤談話のような内容になった旨を極めて率直に述べた。

「加藤さんの談話は宮澤さんが韓国に出かける直前のことで、日本政府は対応を迫られておったのです。是非この問題で総理の見解をという韓国側の気持が伝わってきておったんです。慰安婦だった人たちの損害賠償要求もすでに外政審議室にきておりました。ただ、（私たちの）問題意識がそれほど深まってなかったのも事実です」

二度目の謝罪――一九九三年八月

石原氏の指摘どおり、九一年十一月には「日本キリスト教協議会」や「在日韓国民主女性会」など四団体が日本政府に対して慰安婦問題について補償と謝罪を求める文書を提出していた。翌十二月には慰安婦だった三人の韓国女性が、個人補償を求めて日本で裁判をおこしていた。それが報道され大きな注目を浴びる中での宮澤首相の訪韓だった。

この間の経緯について私は宮澤氏に取材を申し込み、了承され、インタビューの日時も決っていた。ところがその翌日、氏は秘書を通じて約束を取り消してきた。なんとしてでも今は語り得ない、なにを話しても影響が大きいからという理由だった。

「（九二年に）宮澤さんが『衷心よりおわびし反省したい』と謝罪されたのは、要するに植民地支配の中で、性的な奴隷状態で従事させられた、そういう施設を造った、軍が管理したということについてです。本人（女性）が強制されたのかどうか、そういう問題、そこまでいっていませんでしたから、そういう謝り方はしなかったんです」

石原氏はそう述べる。

歴史問題に関する日韓間の緊張関係のなかでの謝罪ではあったが、謝罪した日本政府側にはこの問題の展望はまだみえていなかった。石原氏は言葉を継いだ。

「そのあとすぐにわぁーと起こったのは、日本政府の意志で強制が加えられたということを認めていないということでした。となるとこちらももう一回調べてみなければならない。手を尽したけれども国内では本人の意志に反しての強制というその一点は、確認されなかったんです」

宮澤首相が韓国で実態調査をすると約束したこともあり、日本政府は資料と証言の収集分析を開始した。結果は九二年七月六日に発表された。加藤官房長官はこの実態調査をうけて、一月の談話につづいて改めて見解を発表した。今回の談話では、慰安所の設置、監督、経営、慰安所関係者の身分証明書の発給などの点で政府が直接関与していたことは認めたが、強制連行を裏づける資料はなかったと発表した。

日本政府の発表から三週間余り後の七月末に今度は韓国政府側も独自の調査報告書を発表した。それは「事実上の動員があった」と強制連行説の立場でまとめられており、日本政府に「元慰安婦への誠意ある措置」を求めてもいた。

「強制連行した資料は見つかっていない。誠心誠意探してみつからなかったことは韓国政府も信じてくれると思う」と加藤氏は韓国政府の報告書の発表をうけて記者会見で述べた。が、日韓両政府間のギャップは残念ながら〝誠心誠意〟で埋まるようなものではなかったのだ。

強制連行をどのような形でとらえるかについて加藤氏は「南京大虐殺」の件をひいて私に語った。「物の見方だと思います。南京大虐殺も（犠牲者は）三十万人という人と三千人という人と。僕はこう思う。三千人でも一般市民を虐殺したら、された方は虐殺と思う。（慰安婦問題も）それに近いんじゃないか。だからそこをあんまりとやかく、細かく論じたくありませんね」

取材も終わり近くなって加藤氏はさらに述べた――「必要悪の部分を触れたくないと思っていたのに、誰か触れた人がいるわけですよ、国内に。ということは、議論せざるを得ないし、謝らなきゃならない。……できるならばそっとしておいてほしい」

加藤氏のいわば半分逃げ腰の姿勢は、当時の日本政府に蔓延する姿勢でもあった。

だが当時、慰安婦問題はもはや避けて通れず、しかも政治的外交的配慮が前面に出ざるを得ない案件になっていた。加藤氏は「前述の七月の記者会見にも韓国のテレビ・クルーが三、四十人も来て」と述べ、彼らの存在を強く意識した発言になったことを示唆した。

こうして九一年十一月の宮澤内閣発足とほぼ同時に表面化した慰安婦問題は、同内閣の直面した最も重い課題のひとつとして認識されていった。

そして九三年八月、宮澤内閣の総辞職の前日に、加藤氏の後任の河野洋平官房長官が慰安婦問題について新たな談話を発表したのだ。冒頭に触れたように、その内容は日本軍が慰安婦の募集段階から関わっており、しかもその関わり方が「強制」であったことを認めたものだ。慰安婦問題はこうして宮澤内閣で一応の完結をみたことになる。

さて、官房副長官として歴代内閣を補佐し続けた石原氏は、都合二回、五時間近くのインタビューに応じてくれた。石原氏は改めて加藤氏とその後任の河野洋平氏の各官房長官談話の違いを強調した。

「加藤さん、宮澤さんの談話と河野さんの談話は、（慰安婦）本人の意に反するという（強制の）認定が入っているかいないかで大きく異なるんです」

たしかに「誠心誠意調査しても強制連行を示す資料は見つからなかった」と述べた加藤氏の発言に較べて河野氏の談話は大きく一歩踏みこんで強制連行を認めている。

九三年八月四日の河野官房長官談話を改めてみてみよう。問題の募集についての部分だ。

「慰安婦の募集については、軍の要請を受けた業者が主としてこれに当たったが、その場合も、甘言、強圧による等、本人たちの意思に反して集められた事例が数多くあり、更に、官憲等が直接これに加担したこともあったことが明らかになった」

慰安婦の募集が甘言、強圧による、つまり騙したり強制したりのケースが数多くあったこと、それに官憲が直接加担したこともあったと述べている。官憲とは通常警察官吏を指すが「官憲等」というからには、警察の他に〝軍当局の人間〟がいたということだろうか。

余りはっきりした表現ではないが、この段落の前後には「慰安所は、当時の軍の要請により設営された」「慰安所の設置、管理及び慰安婦の移送については、旧日本軍が直接あるいは間接に関与した」「軍の関与の下に、多数の女性の名誉と尊厳を深く傷つけた」などの文章があり、全体として軍による強制の意思が働いていたことを強く示唆する内容だ。

河野長官は談話を発表したあと記者会見に臨んでいるが、そのときのやりとりをみるとまさに強制連行だったと認めている。

――（官邸記者）今回の調査結果は、強制連行の事実があったという認識でよろしいわけでしょうか。

「そういう事実があったと。結構です」

河野氏は明快に答えている。

これだけはっきり言うからにはその根拠があるはずだ。その点を別の官邸詰めの記者が質問した。

——強制連行については公文書は見つからずそれで聞きとり調査をしたと理解していますが、客観的資料は見つからなかったのですか。

「強制には、物理的な強制もあるし、精神的な強制もあるんです。精神的な強制は官憲側の記憶に残るというものではない。しかし関係者、被害者の証言、それから加害者側の話を聞いております。いずれにしても、ご本人の意思に反した事例が数多くあるのは、はっきりしておりますから」

河野氏はこう答えたが、要は、質問に出てきた客観的資料はなかったのだ。

「強制」の証拠を探し回った

そこで疑問に思うのは、なぜ日本政府がそれまで認めようとしなかった〝強制連行説〟をここに来て認めたかという点である。加藤談話の時にも慰安婦の人々の訴えはあった。だが無理に徴用するという意味の強制連行を示す資料はなかった。河野談話の時も、条件はほぼ同じである。にもかかわらず両長官の談話は、強制連行については正反対の答えを出したのだ。

後に詳述する「聞きとり調査」だけで、資料の裏付けのない事柄を政府が認めて謝罪するだろうか。それも考えにくい。この間の事情について石原氏はこう述べた。

「私共は資料があるといえばどこにでも飛んで行って調査しました。各省庁に資料提出を求めその他にも国立国会図書館、アメリカの公文書館、さまざまな研究機関も、八方手を尽しました。警察関係の各所にも求めました。けれども韓国側が気にしていた、本人を強制的に徴用したというのが、文書ではどうしてもないわけですよ。

それで証言者も探そうということになりました。慰安婦になられた人たちを強制的に連れてきたという証言ですね。でもそれもどうしてもないんです、日本国内では」

情報の収集は内閣の外政審議室が中心になって行った。谷野作太郎外政審議室長、現インド大使は電話での取材でこの点について石原氏と同じ見解を示した。「募集のレベルで軍が組織的に引っ張ったという認識はないんです」と。

なぜ資料がないのか。薬害エイズで厚生省（当時）が膨大な資料を隠していたように関連省庁が隠しているのではないか。そう問うと石原氏は憮然として答えた。

「そこまで言われれば、我々の仕事は成り立ちません。各省は、官邸で出すようにと言い、依頼したのへ応えるはずです。互いの信頼でやっていることですから」

では、世に言われているように資料は敗戦時に燃やされてしまったのか。石原氏も内務省の先輩から中庭で山のような資料を燃やした話を聞いたそうだ。だが、慰安婦の強制関連の書類を全て焼却したことはあり得ないと、石原氏は言う。

「終戦当時は（慰安婦について今日のような厳しく批判的な）問題意識はなかったんですから、理論的に考えにくい。米軍に狙われたのは特に特高警察、思想犯に関する資料ですね。炭鉱などへの労働者の強制連行の資料も、焼かれたものもあったようですが、それでも労働省や厚生省、それに地方の役所などから出てきてますからね。慰安婦関連で、強制募集、強制連行の部分だけを全て処理したことはあり得ないと思います」

そこまで、資料がないと信ずるのならなお、問いたい。なぜ、日本軍の強制連行を認めたのか、と。すると石原氏は韓国の慰安婦十六名の証言が決め手になったと述べた。

当時日本政府は、宮澤政権の総辞職を控えて慰安婦問題の決着を急いでいた。だが、この問題の決着については韓国側がかなり厳しい要望を明らかにしていた。最大のポイントは募集過程での強制性を日本政府が認めるという点だ。韓国の駐日大使孔魯明氏も、七月十四日に日本記者クラブでこの件について、元慰安婦の名誉回復のため、強制連行だったと日本政府が認めることを第一条件だと述べている。そのため女性たちへの聞きとり調査は「強制性」の裏づけをとるのが目的だったとも言える。

このような背景のなかで、聞きとりは七月二十六日から三十日まで行われた。十六人の女性に一人平均二時間半をかけて聞いた。日本側から外政審議室の田中耕太郎審議官ら四名が派遣され、その内容はA4判で四、五十枚の報告書となった。

報告書を読んだという谷野外政審議室長（当時）は次のように語った。

「凄じい内容でした。宮澤さんにお見せしたら目を背《そむ》けました。読みたくないと仰った。余程公表しようと思いましたが、出してもいうことをきかない人はきかないし、余りにもオドロオドロしいので出しませんでした」

谷野氏の行動から明らかなのは、この件が外務省よりも官邸を中心に動いていたということだ。この点を確認するために当時の外相武藤嘉文氏に聞いた。武藤氏は元気そうな声で開口一番こう述べた。

「僕は過去にフタをする気はないが、事実関係はよく分らないでしょ。金泳三さんとお会いした時も未来指向という点だけを強調しましたよ」

色々と語ったが、十六名の証言集は全く読んでいない様子だった。そして慰安婦問題についての日韓間の一連のやりとりの細かいことには、自分はタッチしておらず官邸主導だった旨を明確に述べた。

さて「凄じい」内容の十六名の証言はどのように受けとられたのか。

石原氏は、

「最後まで迷いました。第三者でなく本人の話ですから不利な事は言わない、自分に有利なように言う可能性もあるわけです。それを判断材料として採用するしかないというのは……」と、裏づけ調査をすることが許されない証言が日本の政策形成に大きな影響を与えることへの不安をのぞかせた。だが同時に、「ハルモニの証言は、心証として、本人の意に反する形で連れて行かれた事実があったと考えざるを得ない。彼女たちの証言で、ともかく強制連行を認めることにしたんです」とも述べた。

「そのまま信ずるか否かと言われれば疑問はあります」と述べて谷野氏も同様の懸念を示したが、女性たちの証言の果たした役割について谷野氏の見方は異る。

氏はまず「証言を聴いてほしいという韓国政府の強い希望があった」と述べた。では、十六人の証言の果たした役割はなにか、それがなくても旧日本軍による強制連行を認めるという方向は定まっていたのかと尋ねると、「それに近かった。彼女たちの体験を売春だったと開き直れる世界ではありませんから」との答えが戻ってきた。

こうしてみると石原氏の立場に立てば、女性たちの証言は日本政府が聞きとりをすると決めた瞬間から旧日本軍による強制連行の〝証拠〟となるべき運命だったことが見えてくる。一方、谷野氏の立場に立てば、十六人の証言がたとえなくとも、旧日本軍の強制連行を日本政府が認めるつもりでいたことが見えてくる。

河野氏が述べた。

「あの当時、軍の力は政府だって押さえ込み、一般国民だって後ろに軍部がいるとなれば反論はできない状態だった。（慰安婦の募集も）軍そのものの行為でないとしても後ろに軍がいると言って歩かれると、それはおかしいとは言い難い」

——それが「強制」だったということですか。

「強制ということのひとつですね」

河野氏は、軍の強制を示す資料はなくとも、当時の時代背景そのものが軍による強制性を示していると説明した。

一歩踏み込んだ理由

ここまできてもまだ私の疑問は解けない。元慰安婦の女性の訴えはあるが強制連行を示す具体的な資料がないという点で、前年、一九九二年の段階と基本的な変化がないにもかかわらず、なぜ政府は強制連行を認める方針に変わったのか。当時の新聞をみてみると、九三年二月頃から「日本政府が旧日本軍が韓国人慰安婦を強制連行した可能性について言及する方向で検討に入った」（読売新聞、二月十一日）などの報道が一部であるが目につくようになる。

先に記したように、同年七月には孔大使が記者会見で①強制性を認める、②全体の真相を究明する、③慰安婦問題を今後の教訓とする等を日本側に求めていることを明らかにしている。

また七月二十六日から始まった十六名の女性たちの聞きとり調査に先立って、二十三日には、その調査を受けて発表する報告書の「最終的表現」を「今後、さらに韓国側と調整する」と『読売』が伝えた。日本政府の発表文の文言の調整を韓国と折衝しながら行っていくというのだ。

同趣旨の報道は『朝日』にもあった。

「河野官房長官は四日の記者会見で『調査した結果を淡々とまとめた』と語った。しかし、どういう表現にすれば韓国側が納得するか、協議しながら進めたことは、外務省アジア局幹部らが認めている。

在日韓国大使館筋も『強制性』に触れる表現で、たとえば『一部』などといった制限的な言葉が盛り込まれたのでは韓国世論が納得しないとして、全体として強制があったことを認めたものにするよう要望を伝えたことを否定しない」(九三年八月五日)との内容だ。

十六名の慰安婦の聞きとり調査は七月三十日に終了した。そのわずか五日後の八月四日に官房長官談話は出された。スピーディーな運びだ。この点について河野氏に聞いた。

——発表した官房長官談話について、事前に日韓間で言葉の使い方について意見交換があったと考えて宜しいですね。

「詳細を一字一句まで調整したとは思いません」

一字一句について微に入り細に入りの調整ではなかったが、もう少し大まかな調整ならあったということだろうか。

——事前に文書を交換して調整したという現場からの報道があるんですが。

「そうだろうと思います。もしそうであれば（そんな報道があったのなら）」

こう述べて河野氏は不承不承認めたが、ここで当時の状況を整理してみよう。慰安婦問題の「決着」に強い意欲を示していたのは、宮澤政権以上に韓国政府側でもあった。そして強制性を認めることを望んだのは、韓国政府側だった。そうしなければ韓国世論が収まらないところにまで来ていた。となれば、ハルモニたちの生の声を聴いたうえで日本政府がどんな発表をするのかは韓国政府の最大の関心事であったことが解る。だからこそ、孔大使は事前に強制性を認めることの重要性を指摘し、直接、日本政府に要求もしたのだ。

だが、聞く人の心を圧倒するハルモニたちの哀しみと憤りの証言はあっても、国際社会で国家の謝罪を勝ちとろうとするときに通常必要とされる具体的強制連行の資料がないのだ。韓国政府としては強制性を認めさせようとする一方で日本政府を納得させる条件を考えなければならないはずだ。日本政府側も単に隣国から申し入れがあっただけでは、重大な歴史事実に一歩踏み込んで強制性を認めることは出来ないと考えるだろう。ハルモニたちの訴えを聞いてどれほど心を動かされ日本人の一人として責任を感じたとしても、その感情に依って外交案件を決めるわけにはいかないのが外交の現実でもあろう。

さまざまに想像をめぐらせてみても、日韓間の一連の折衝は、文言の選択のみについて行われたわけではないのではないか、なにか重要な条件のやりとりがあったのではないか、と思わざるを得ない。改めて河野氏に聞いてみた。

——官房長官談話をどういう内容にするか、微妙な表現のやりとりのなかで韓国政府の基本的な姿勢はどんなものでしたか。日本政府が強制について認めるなら、この問題はこれで解決、本当にこれで解決というような話はあったのですか。

「うーん、まあそこまではっきり、仰ったかどうか。僕は記憶がないんでねぇ。それは主として外政審の谷野君と、アジア局が担当してやったのです」

——しかしこの問題は官邸主導で行っていて河野さんが中心だったのでは？

「僕が直接担当してやったことはありません」

——そのような報告は間接的に受けましたか。

「えーと、あんまり記憶にないですね。覚えていません」

一方、谷野氏は、官房長官談話の内容については内閣外政審議室長として外務省とのやりとりはしたが、韓国側とのやりとりは外務省の守備範囲で自分は承知していないと述べた。

さて、河野氏は、談話の内容、表現を含む一連の意見交換は谷野氏と外務省アジア局の役目だったという。谷野氏はそれはむしろ外務省の役割で、氏自身は知らないと言う。外務省側は、すでに武藤外相が、大体全てが官邸主導だったと述べていた。外務省が中心になって折衝する場合は、どうしても大使館の協力を得ると思うが、当時の駐韓大使後藤利雄氏は「最終的な決定は全て東京で行われていた」と述べるのだ。東京、即ち官邸ということだ。後藤大使は聞きとり調査のために訪韓した外政審のメンバーについても次のように語った。

「誰が来たのかは忘れました。外務省と厚生省の人が来まして、それを空港に迎えに行ったりはしましたが、この問題はあくまでも日本政府の判断の問題ですから、私のほうで韓国側となにか折衝するようなことはありませんでした」

このように外務省側は河野氏の言うような役割や関与を否定するのだ。

では石原氏はどうだろう。繰り返しになるが、慰安婦だった女性たちからの聞きとり調査終了からわずか五日目の河野談話の発表である。この談話ではじめて日本政府が慰安婦の旧日本軍による強制連行を認めることになった。韓国側とはどこまで文言のすりあわせが行われたのか。この問題について日韓政府間の理解はどうなっていたのか。だれが中心になってこの談話をまとめたのか。

石原氏にきいてみた。

「官房長官とも意見交換して、あの文案は内閣として作ったものです」

——どんな意見交換があったのですか。

「河野さんは戦争全体に対して非常にネガティブな評価をしておりまして、日本人も朝鮮半島の人々もあの時代の流れのなかで意に反する行動をせざるを得なかったという歴史観を持っておられるわけです。談話のなかで『総じて本人たちの意思に反して行われた』という部分がありますが、あの『総じて』というのは河野さんの御意向が文章になったと私は記憶しています」

ちなみに右の文章は「なお、戦地に移送された慰安婦の出身地については、日本を別とすれば、朝鮮半島が大きな比重を占めていたが、当時の朝鮮半島は我が国の統治下にあり、その募集、移送、管理等も、甘言、強圧による等、総じて本人たちの意思に反して行われた」というものである。

「総じて」が「大体」という意味なのか「全体的に」という意味なのか、日韓間で当時問われたことがある。河野氏に、この言葉にこだわった理由を聞いたが「細かい点はもう正確に覚えていない」という。

なお、この文章のなかの「当時の朝鮮半島は我が国の統治下にあり」の一節は、宮澤総理がこだわって入れたと、報道されている。官邸を中心に文章を吟味した様子が浮かんでくるが、宮澤政権総辞職を目前にして、この歴史的文章の文案作成作業は官房長官談話として発表する当日朝までかかったとも報じられている。

――文言について韓国側との折衝があったのですが、韓国側はどんな点に気を使っていましたか。

「慰安婦だった女性たちは、自分の意に反して連行されたということをなんらかの形で認めてくれれば、女性たちの名誉が回復されると。その点は非常に強く言っていたと思います」

石原氏の証言はすでに孔大使も記者会見で述べている点だ。ではその点を韓国側の要望に沿って認めた談話の文案を韓国側はどう見たのだろうか。また、文案そのものを、報道されているように韓国側に見せたのだろうか。

河野氏は先述のように文案を見せたと一応認めたが、石原氏は次のように述べている。

「あの文書はこちらの声明ですから、事前に了解をとるという意味ではありませんが、実際は気持の問題ですね。よく外国の首脳が来日したときにスピーチをしますね。あれも実際は互いに事前に見せ合うのが一種の慣例なんです。ですから、河野さんの声明文は、事前に内々に担当者にはみせているはずです」

韓国大使館筋が文言の問題で具体的な要求を出していたことはすでに述べたが、石原氏の答えはそれを側面から補強することになる。

――文書をみせたときの韓国側の受けとめ方はどうでしたか。

「精神的な名誉の問題ですから。それを日本政府が認めることでおさまると、そういう感じでした。いかなる意味でも韓国側は金銭的な要求は考えていないと言っていましたから」

むし返される国家補償

鍵はまさにこの点にあったのか。日本政府を動かし強制性を認めさせたのは、精神的な名誉回復をはかればこの問題はおさまっていくという韓国政府によって与えられた確証だったのではないか。一連の折衝のなかで或いはそれは言葉に明確に托され表現されたのかもしれない。要はアウンの呼吸以上の確信を日本側が抱いたのではないか。だからこそ〝踏みこんだ〟のではないか。

当時、この問題で韓国政府はいくつかの目立った動きをおこしている。そこに込められた国家意思は日韓の話し合いのなかでもきっちり論じられたと考えてよいだろう。そのひとつは金銭的補償である。

韓国政府は日本政府には金銭的補償は求めないとして、もし、慰安婦だった人々に補償する必要があるなら、それは韓国政府の責任において行うと明言した。事実、九三年二月には彼女らに生活支援金を支給することを決めている。

日本側は、日韓基本条約で請求権問題は全て解決ずみだと構えていても、強制連行を認めた場合、それが後々の新たな補償問題につながっていくのを恐れたに違いない。従って自らが払うとした韓国政府の決定に大いに安堵したはずだ。同時に韓国側が金銭補償を求めてこなかった分、余計に精神的なプレッシャーも感じただろう。そんな状況下で遂に強制連行を認めたのだ。

この全体像を敢えて一つにくくれば、日本が強制連行を認めた背景には日韓間の合意、密約があったということだろう。この点についての実態と真実を是非、宮澤元首相及び河野氏は率直に語って頂きたい。

さてつい最近、鳩山由紀夫氏が訪韓し「法形式的には解決したとしても政治的道義的に傷をいやしていける状況をつくらなければいけない」と述べたのに呼応する形で、韓国の柳宗夏外相が、日本政府は慰安婦個人に対して補償し責任を認めるべきだと述べたと報じられた。

日本政府による個人補償の必要性に韓国政府側が言及したのはこれがはじめてである。石原氏は強い懸念を示した。

「当時、彼女たちの名誉が回復されるという事で強制性を認めたんです」

――もし、日本政府による個人補償を求めるという話になるとしたら、強制性は認めなかったということですか。

「それはそうです。国家賠償の前提としての話だったら、通常の裁判同様、厳密な事実関係の調査に基づいた証拠を求めます」

――ではそうではないという前提で、強制性はいわば善意で認めたのですか。

「そうです。両国関係に配慮してそうしたわけです」

石原氏は力を入れるかのように語った。

一連の取材を終えて考えさせられるのは、日本の外交のあり方である。これでおさまると考え「善意」で踏み入った強制性の認定が、逆に日韓間に新たな問題をひきおこす危険性もある。そのような、敢えていえば小手先の外交は、真の意味で慰安婦だった女性たちの名誉を回復することにはならないと思う。

私は、自分自身が歴史の事実を真摯に受けとめ、もし強制連行が事実ならばそれを認め詫びていく誠実さを持ち合わせていると思う。それだけに政府がひた隠しにしている十六人の女性たちの証言を、各人の許可を得、十分な配慮をしたうえで公開して、国民がそれを読み、本当に納得して強制性を認めるという道を選んでもよかったのではないかと思う。いずれにしても新たな問題がもし発生すれば、犠牲者の女性がもっとも傷つくのだ。そのような事態こそは何より避けなければならない。

と同時に、戦後も半世紀をすぎて、老いつつある女性たちの救済をこれ以上引きのばさないための知恵を結集すべきだと考える。具体的には、彼女らのためにつくられた基金を活用する現実的な道を拓いていくべきだと思うのだ。なぜなら、その基金は傷ついた女性がそこにいることに心を痛め、女性たちの負った傷の癒しに役立ちたいと願う多くの人の善意の表明だと思うからだ。

「河野談話」その本当の舞台裏

（『文藝春秋』二〇一四年五月号）

石原信雄《いしはらのぶお》（元内閣官房副長官）

検証するが見直しはしない――。従軍慰安婦問題で旧日本軍の関与を認めた河野談話について、安倍晋三首相と菅義偉官房長官が表明しました。

「じゃあ、何のための検証か」と、日本維新の会（当時）の議員らが不満を言っておられますが、首相の対応が象徴するように、これはきわめて政治的で微妙なマターになっています。

河野談話を決定した当時の宮沢喜一首相は、最善の策として談話をお決めになった。私はその時の官房副長官として、政権と官僚組織の調整役にあり、今、談話を批判する立場にありません。（二〇一四年）二月二十日に衆議院予算委員会に参考人として出席した際も、「今後、政権は河野談話に対してどうあるべきか」といった主旨の話について、私は意識的に答弁をしていません。従軍慰安婦の話は、もう単に日本国内だけの問題ではなく、アメリカを含めた国際問題になっているからです。

ただ、談話の撤回、修正、現状維持と様々な意見が出る中、河野談話を発表するまでに何があったのか、正確な事実と経緯はお話ししなければならないと思っています。

三月二十五日、オランダで日米韓の首脳会談が行われた。日韓の両首脳が就任して一年あまり。ようやく初の会談にたどり着いたが、再び外交の俎上に上がっているのが従軍慰安婦問題である。

石原信雄氏は、竹下登内閣から村山富市内閣まで七つの内閣で事務方のトップとして官房副長官を務めた。今回は、河野談話を発表した宮沢喜一内閣時の舞台裏、その前後の首脳間の動きを振り返りながら、談話発表にいたる背景を語った。

加藤発言が発火点

河野談話を発表する宮沢内閣に限らず、歴代内閣は日韓関係を改善したいという気持ちは常にありました。たとえば、宮沢首相の前の海部俊樹首相の時、日韓の間でもっとも問題となっていたのは、在日韓国朝鮮人の指紋押捺です。外国人登録証に指紋を押捺しなければならない外国人登録法は、「まるで犯罪者扱いだ」という声が強く、来日した盧泰愚大統領は海部さんに、「指紋押捺問題を解決してほしい」と要請しました。海部さんは努力されて、訪韓時に「二年以内の廃止」を、盧泰愚大統領に約束しています。

他にも、戦時中に鉱山や軍需工場で働いていた徴用工の賃金未払い問題や、日本の歴史教科書問題があったものの、盧泰愚大統領と海部首相は、「日韓関係を未来志向で発展させよう」と、非常に前向きでした。

当時、従軍慰安婦の存在は、日本では一般的にはほとんど知られていませんでしたし、私も知りませんでした。

宮沢内閣は一九九一年十一月に発足したのですが、その翌月に三人の韓国人元従軍慰安婦が日本政府を相手取り、東京地裁に提訴しました（そのうち一人は実名を公表）。朝日新聞が初めて従軍慰安婦の存在を報道して、それを受けて人権問題に熱心な弁護士たちが元慰安婦の支援を行い、提訴が行われたという流れです。

提訴した三人は、戦時中に強制的に慰安婦にさせられたとして、日本政府の謝罪と賠償を求めました。この時、当時の加藤紘一官房長官は記者から政府の立場について問われ、「政府が対処するのは困難」と賠償を否定しています。一九六五年に日韓基本条約を締結していたからです。

日本政府は外貨も乏しい時代に、五億ドルの経済協力資金を提供した。今の朴槿恵大統領のお父さんである朴正熙大統領は、朝鮮動乱による疲弊から立ち直るべく、その五億ドルをベースにインフラを整備し、復興の礎をつくった。請求権の問題は、この条約によって「完全かつ最終的に解決されたこととなることを確認する」と表現され、つまり決着したことになっている。これは非常に大事な点です。

しかし、加藤官房長官の発言に、韓国のマスコミと世論が猛反発しました。これが第一の発火点であり、ことの起こりです。

提訴の翌月、九二年一月に宮沢首相は韓国を訪問し、盧泰愚大統領と会談します。ソウルの青瓦台で二人の首脳は、「未来志向で協力関係をいっそう深めなければならない」と、海部首相の時と同じく、お互い未来志向をアピールしました。

ところがこの訪韓は、当初想定していた通りには進みませんでした。ソウル市内で宮沢首相に対するデモが起こり、物々しい空気に包まれたのです。宮沢首相は、韓国国内で激しい非難を受けました。従軍慰安婦問題を避けて通れる雰囲気ではなく、盧泰愚大統領は真相究明を依頼しました。宮沢さんも、韓国側が納得できるような形で調査して、事実関係を明らかにする必要があると痛感されたのです。

しかし、戦時中の書類は処分されています。一体、誰がどこで探すのか。戦後処理の問題は、旧厚生省援護局が引き揚げや遺骨の問題の窓口だったので、当初は厚生省に調査するよう、内閣から指示を出しました。ところが、厚生省は手に負えず、「戦後処理は行っているが、戦中のことはわからない」と言う。旧労働省や警察庁、さらには旧防衛庁などにも打診しましたが、どの役所も積極的とは言えず、役所間の〝消極的な権限争い〟がおこってしまった。

すでに外交問題になっているため、悠長なことは言っていられません。最終的には内閣が各省に号令をかけて資料を集めることになりました。首相官邸の内閣外政審議室を中心に、各役所に要請し、繰り返し督励したのです。

調査の結果、資料は発見されました。当時の軍の連絡文書や指令、通達などに、慰安所の設置を前提とした、慰安所周辺の治安要請や、慰安婦の安全な輸送、便宜をはかるよう指示した類の書類が出てきたのです。

この調査結果をとりまとめて、元慰安婦の提訴から七カ月後の九二年七月に、加藤官房長官が「談話」という形で次のような発表をしました。

「慰安所の設置、慰安婦の募集に当たる者の取締り、慰安施設の築造・増強、慰安所の経営・

監督、慰安所・慰安婦の衛生管理、慰安所関係者への身分証明書等の発給等につき、政府の関与があったことが認められたということである。（中略）政府としては、国籍、出身地の如何を問わず、いわゆる従軍慰安婦として筆舌に尽くし難い辛苦をなめられた全ての方々に対し、改めて衷心よりお詫びと反省の気持ちを申し上げたい」

この謝罪に納得しなかったのが、元慰安婦の方々の組織である「韓国挺身隊問題対策協議会」（挺対協）でした。彼女たちの訴えは、「自分たちは強制的に慰安婦にされ、人権を侵害された」というもので、「加藤談話は強制性を認めていない」と言うのです。

そうは言っても、これについては調べようがありませんでした。彼女たちの意に反して慰安所に連れて行かれたかどうかは、日本にある資料ではわからない。

また、韓国政府も「これでは（世論の反発が）収まらない」と伝えてきました。そこでもう一回、各省庁に協力してもらい、宮沢内閣は八方手を尽くして徹底調査を行ったのです。

まず、各地方公共団体の公文書館、さらにアメリカにも出かけて、ワシントンDCの国立公文書館でも調査をしました。そして日本復帰が遅れた沖縄でも公文書を調べました。すると、アメリカや沖縄で資料が見つかった。

GHQは日本を占領下に置いた際、様々な資料を押収していたため、そこに従軍慰安婦に関する資料が含まれていたのです。新しく発見された資料の中から、慰安所の運営に日本政府が関わっていたことを裏付ける通達などが出てきました。ただし、これだけ徹底調査をしながら、女性たちを日本の軍や政府が直接強制的に集めたことを示す文書は出てこなかった。つまり、強制性は裏付けられなかったのです。

当然、このことは韓国政府に伝えました。ところが、韓国側は「それじゃあ、彼女たち（の感情）は収まらない」と困惑する。そして、「最後に被害者とされた女性たちの話を聞いてもらえないか」と伝えてきたのです。

日本は韓国政府を信頼した

これは決断を要する難しい提案でした。論争中に当事者の証言を聞いても、それは客観性をもった証拠になるのか。与党で議論となりました。

一方、韓国政府は、「純粋に過去の自分の体験を聞いてほしいと言っている人がいるから、その人たちの話を聞いてほしい。韓国政府がプレッシャーをかけることはしないし、本当に真実を語り得る人を選ぶから、話を聞いた上で日本政府に最終的に判断してもらいたい」と要請してきました。

日本側が求めた条件は、反日運動に関わっている団体に属していないこと、そして証言者が外部から様々なプレッシャーをかけられないように、真実を語りやすい静かな環境を用意すること。これらの条件で合意し、日本側から調査チームが派遣されました。

いま振り返ると大事だったと思われるポイントは、元慰安婦の人選を韓国側に完全に委ねていた点です。これは仕方がないことで、被害者の女性は韓国にいるのだから、我が方にはそもそも人選はできません。韓国政府を信用するしかなかったのです。

「両国関係を本当に未来志向にするためだ。ここは韓国を信頼しよう」

宮沢内閣はそう決意しました。

韓国側が用意したのは十六人でした。彼女たちに五日間にわたって担当官たちがヒアリングを行いました。彼らはそれを報告書にまとめ、外政審議室長及びその関係者、私、河野洋平官房長官らが報告を聞きました。

証言者たちの話を聞いてみると、慰安婦の募集は基本的には軍が直接行ったのではなく、業者が介在して行われていました。業者が軍の依頼を受けて、募集を行い、その際には業者にも手数料が支払われています。業者が集めてきた女性たちを慰安婦として採用したのですが、問題は業者の中にあまり筋の良くない人たちがいたことです。彼らが嘘や脅しを使い、まさに彼女たちからすれば、「本人の意思に反する形で」慰安婦にさせられた女性がいたことがわかりました。

特に戦争末期になると、慰安婦が集まらなくなり、業者によっては相当強引な集め方をしています。彼らは軍から募集費用を受け取っているので、軍需工場で働かせるとして慰安所に連れて行ったり、嫌だと抵抗する女性を脅して連れて行ったり、また地元の巡査が業者を手伝い、女性を連れていったという話もありました。

これらは真実を語っているとしか思えないものでした。

私たちは、ヒアリングの結果を踏まえて、みんなで議論して事務方で談話の原案を作成しました。もちろん推敲もしています。難しかったのはやはり「強制性」についてどのように触れるかでした。

当時の調査資料からは、「合意」のもとに慰安婦になるケースも相当あったことは明らかになっています。普通の労働者の五倍の賃金が支払われるため、貧しい家庭の女性は承諾して慰安婦になった。こういう女性たちも少なくありません。合意があった場合は人権問題にはなりません。

担当者のヒアリングメモだけでなく、彼らの心証も報告を受けました。最終的に河野官房長官も議論に参加し、原案に対してさらに議論して宮沢首相にも見せました。文言を見た宮沢さんも、胸中は複雑だったのでしょう。「う〜ん」と渋い表情をされました。宮沢首相としては、日韓関係が未来志向に踏み出すことになるのならと、断腸の思いで決断されたのだと思います。

加藤談話から約一年後の九三年八月、河野談話は発表されました。談話の中に、

〈当時の朝鮮半島は我が国の統治下にあり、その募集、移送、管理等も、甘言、強圧による等、総じて本人たちの意思に反して行われた〉

という文言があります。河野談話のポイントはただ一つ、「強制性」についてです。「総じて」という表現は、十六人のヒアリング全体の状況から、本人の意思に反して慰安婦になった人がいることは否定できなかったからです。そうした女性たちにとっては誠に気の毒であったため、謝罪をする、というのが河野談話の主旨です。

先日の衆議院予算委員会で、日本維新の会の議員から、「証言の裏づけをとったのか？」という質問がありました。私は「とっておりません」と答えました。前述したように、韓国政府が、「バイアスがかかっていない、真実を語り得る証言者を選ぶから、彼女たちの話を聞いてほしい」と要請したので、韓国政府を信頼して引き受けたからです。女性たちは韓国にいるわけですから、当方には調査しようがない。この点が、今、議論の争点になっているわけです。

もう一点、産経新聞が「証言した十六人は生年月日や氏名がはっきりとしないため、問題がある」と報じました。国会でも「十六名の証言を公表すべきだ」と要求する声が挙がっています。

しかし、外部に出さないという前提で彼女たちは聴取に応じたわけです。そもそも人生において、もっとも暗い過去であり、話しにくいことを聞くわけですから、最初から「公表する」

と言えば、誰も話しません。個別事案を発表するのではなく、全体の参考にするから過去の真実を語ってほしい、という約束でした。個人のプライバシーの問題でもあり、公表しないというのが日本政府の約束です。

さらに、河野談話の文言が最終決定するまでの過程で、「韓国政府が注文をつけて、政府間ですりあわせをしたのではないか」と予算委員会で質問されました。私は事務方から上がってきた文章をもとに、最終的に河野官房長官が決める際に立ち会った人間ですから、「韓国政府とのすり合わせ」については、わかりません。しかし、通常、外国政府との間で文書や声明を発表する時は意見調整が行われるものです。だから、予算委員会で私は「作成過程で意見のすり合わせは当然行われたと推定される」と答えました。

アジア女性基金の蹉跌

「河野談話」が発表された時、官邸の外政審議室には「談話はけしからん」という抗議の電話がたくさんかかってきたと聞いています。しかし「談話」の表明により、少なくとも韓国政府は日本側の誠意を認め、この問題については収めることになりました。

河野談話を発表した時、韓国は金泳三大統領に替わっていました。翌年には駐日大使を務めた孔魯明さんが外相に就任しました。お二人とも親日的な方で、「いつまでも暗い過去にこだわっていたくない」という思いをお持ちでした。

宮沢内閣は九三年八月に総辞職し、細川護熙首相による連立内閣が誕生しました。就任後、細川首相は慶州で金泳三大統領と首脳会談に臨み、私も随行しました。この時の空気は非常に良かった。細川首相の方から「過去の歴史への反省と新たな決意を明確にする」と述べられましたが、金泳三大統領からは過去の話は一切ありません。

その後、外交問題として慰安婦問題が韓国政府から提起されることはありませんでした。請求権についても韓国政府はまったく要求していません。

——一九九五年六月、村山富市内閣の時に、「アジア女性基金」の設立が発表された。しかし、これは予想外の展開となる。

政府間では決着したとはいえ、前述した挺対協はあくまでも「法的な決着」を求めていました。しかし、日本側には条約上の制限があるから、政府としては対応のしようがない。

そこで村山内閣の五十嵐広三官房長官が中心となり、政府が対応できない分を民間の善意で対処しようとして取り組んだのが「アジア女性基金」です。

この基金は、気の毒な女性たちに対して道義的な思いから、財団法人として設立されました。

日本国民による善意の募金を、慰安婦として辛酸をなめた方々にお見舞い金として差し上げましょうというものです。こうした償い事業と、ドメスティック・バイオレンスなど女性の名誉と尊厳に関わる今日的な問題の解決が目的とされました。

なぜ五十嵐さんが「基金」と言い出したかというと、故原文兵衛参議院議長とともに、民間の努力でサハリン残留韓国人帰還問題の解決にこぎつけた経験があったからです。

ところが、国民から集めた善意のお見舞い金というオファーは、韓国には歓迎されませんでした。

まず、韓国政府はこう言ってきました。

「請求権の問題は、両国政府の合意のもと決着しているのだから、金銭問題について触れないでほしい。国内問題として処理する」

一方、挺対協は、「日本政府の損害賠償と謝罪を要求しているのだから、国民の善意のお金をもらうわけにはいかない」という理由でオファーを拒否してきました。

とはいっても、お見舞い金と医療福祉名目で元慰安婦の方々にそれぞれ二百万円を用意していたのです。当時の貨幣価値からすると大金です。

元慰安婦の中にはお見舞い金を受け取った方もいました。韓国政府に登録された二百三十人余りの元慰安婦のうち約六十名です。韓国政府が間に入って、指定した口座に振り込み、日本側は領収証も受け取っています。

ただし、この事実はあまり知られていません。お見舞い金を受け取った女性たちが、「絶対に名前を出さないで」とお願いしてきたからです。理由は、挺対協が国家賠償を要求しているのに、善意のお金を受け取ったことがわかれば、訴訟に差し障りがあるし、挺対協に非難される。それに名前が明らかになれば、韓国社会で袋だたきにされて、「この国で生きていけなくなる」というわけです。

なぜ李明博は反日に転じたか

実はアジア女性基金の事業は、オランダ、フィリピン、台湾、インドネシアでも行っていて、特にフィリピンではパーフェクトに事業が遂行されました。政府と関係団体が間に入り、元慰安婦の方々に総理大臣の名前による丁重な謝罪の手紙を添えて、お見舞い金をお送りしています。

フィリピンは国家賠償が済んでいたのですが、フィリピン政府から「国家賠償が望ましいが、日本の立場上そうせざるをえないのなら」と納得をしていただき、完全に決着できたのです。オランダの場合は、政府予算からの生活改善・向上事業を約八十名に行いました。これも決着しました。

インドネシアの場合は、慰安婦に関するデータが集まらなかった。島が多く、インドネシア政府が把握できなかったのです。被害者として手を挙げる人はいるのですが、本当に慰安婦だったかどうか証明できないし、中途半端な形で実施するわけにはいきません。そこで、インドネシア政府と日本政府の話し合いにより、被害者の方々がすでに高齢化していたので、老人福祉施設を各地区につくることで、償い事業に代えました。やむをえざる便法として決着したのです。

中国は当初からこの問題には一切触れていません。蒋介石政権の時に賠償を放棄しており、共産党政権との国交正常化樹立の際も賠償放棄を継続しています。だから、中国は慰安婦問題を提起していません。

しかし、基金設立の際、一番念頭にあった韓国に関しては、アジア女性基金側も努力をしたのですが、残念ながら前述した理由により不完全な形で終わってしまったのです。

一九九七年、東京地裁に最初に提訴した元慰安婦・金学順さんが死亡。二〇〇一年に地裁は訴えを「棄却」した。

日韓両政府の外交問題として従軍慰安婦問題が再燃するきっかけとなったのは、二〇一一年の出来事である。

二〇一一年、韓国憲法裁判所は挺対協の提訴に対して、「韓国政府は元従軍慰安婦への損害賠償を日本政府に認めるよう交渉しないのは違憲だ」という判決を下しました。

日韓基本条約は政府間の賠償の問題であり、そこに個人の請求権は含まれない。それが韓国憲法裁判所の判断でした。今になって条約の解釈が変えられるのは、国際常識からいってとんでもない話です。判決は韓国の国内問題であって、日本には何ら関係のない話と言っていいでしょう。

この司法判断は、当時の李明博大統領にとっても難題となりました。

李大統領は当時の民主党政権に「何か良い知恵はないか、日本政府として何か対応できないか」と善処を求めて来ましたが、日本としては対応しようがありません。李大統領は、その日本の姿勢に反発しました。そしてついに、竹島に自ら上陸するという行動を取ったのです。

以来、反日ムードが再燃しますが、日本側としては言い分があります。両国間には請求権を放棄することに合意した条約があり、そのうえ誠心誠意、調査もしました。また民間の善意による努力もあった。残念ながら韓国ではもちろん日本でも、そうしたことはほとんど報道されていません。

現在、河野談話を見直すべきだという論調があります。私は賛成も反対もしません。私は政府の一員ですから、一切意見は言わないことにしています。ただ、事実関係は包み隠さずすべて話すことが、私にできる役目だと思っています。

（取材・構成　藤吉雅春）

朝日新聞の〝告白〟を越えて

（『文藝春秋』二〇一四年十月号）

塩野七生《しおのななみ》（作家・在イタリア）

（二〇一四年）八月五日に新聞の二面すべてを使って掲載された朝日の記事、「慰安婦問題どう伝えたか　読者の疑問に答えます」を一読して最初に浮んできた想いは、「暗澹《あんたん》」であった。これには現代日本の病理が凝縮されている、と感じたからである。

第一に、この程度の、お粗末としか言いようのない検証、いや検証どころか簡単な裏付けさえも充分でない情報を基《もと》にして記事を書き、しかもそれが二十年という長期にわたって、日本のクオリティ・ペーパーと自他ともに認める朝日新聞の報道の支柱を成してきたという、日本人ならば笑うにも笑えない悲しい事実。

第二は、この程度のお粗末な報道にもかかわらず、自分たちのほうでも独自にその真偽を検証し直す作業を怠ったばかりか、この報道に火を点けられて広がった他国での反日気運の高まりを眼にして動転し、自分たちの行為が以後の日本にどれほどの悪弊をもたらすかも考慮せずに突走った、これまたお粗末としか言いようのない日本政府の対応の数々。

そして最後は、権力についてはくり返し批判するのに権威にはすこぶる弱い、われわれ日本人の性向である。あの朝日が書いていることだからと疑いもせずに、二十年にもわたって朝日新聞を購読してきたのだから。

朝日の〝告白〟は絶好のチャンスになる

朝日が最重要視していたいわゆる「吉田証言」の真偽の不確実性が朝日側にさえも判明したのは、一九九七年であった。今年は二〇一四年。その今年になって、「その後、朝日新聞は吉田氏を取り上げていない」と書くまでに、なんと十七年が過ぎている。もしも一九九七年の直後から朝日新聞の購読者数が激減していたとしたら、いかに朝日でも十七年もの間頰《ほお》かむりすることはできなかったろう。新聞社は巨大組織である。大勢の社員の生活がかかっていると思えば、経済上の問題でも無視は許されない。私もその一人である朝日新聞の読者は、購読を止めなかったという一事のみでも、朝日の報道姿勢を座視してきたことになる。たとえわれわれの多くは他に仕事を持ち、一新聞の一報道記事に敏感に反応するには精神的にも時間的にも余裕がなかった、としてもである。

ならば、八月五日の朝日の〝告白〟を読んで暗澹たる想いになっただけかと問われれば、いやそうでもなかったと答えるだろう。

私には、ことが起った場合に犯人をしつこく糾弾したり彼らに謝罪を求めつづけるということに、さしたる興味が持てないのである。それよりも、これによって生じた「マイナス」にどう対処すれば「プラス」に変えられるか、のほうに関心が向いてしまうのだ。慰安婦問題も、この方向で話を進めていきたい。

従軍慰安婦問題とは近年とくに、日本に住んでいる日本人が考える以上の大きな問題になりつつあったのだ。アジアの国々にかぎらず、ヨーロッパやアメリカの人々の関心までも引くほどになっていたのだから。この変化は、いずれは手術が不可欠になる、と思わざるをえないくらいに。

ゆえに朝日の〝告白〟は、対処しだいでは絶好のチャンスに変わりうるのである。そのためには、犯人糾弾に熱中するよりも、〝犯人たち〟にも協力してもらうほうが役に立つ。何にも増して重要なことは、慰安婦騒動のおかげで致命的なまでに傷つきつつある、日本に対する他国の印象の回復なのだから。

その対処の具体策に入る前に、やはり朝日の〝告白〟の再検討が必要と思う。日本への印象の回復という大目的のためには、〝告白〟のどこが使えてどこが使えないかを明らかにするのが先決だ。

八月五日の朝日新聞では、〝告白〟は五つの項目に分れていた。それを私は、○×△で分けてみたのである。○は、朝日側が、訂正の必要はない、としたもの。×は、取り消します、つまり訂正を明言したもの。△だが、政府も知っていたとか、混同し誤用したことは認めるが事実はねじ曲げていないとか、読むほうにしてみれば何を言いたいのか判然としないが、俗な言い方だと、往生ぎわが悪い、としか読めなかった〝告白〟。それで○×△を項目によってつけていくと、

「『済州島で連行』証言」と銘打った項目は、明確に×になる。見出しも、「裏付け得られず虚偽と判断」としているし、結論部分でも、記事の取り消しを明言している。十七年も過ぎてからですか、と言いたいが、まずはきっぱりと誤りを認めたことは良しとしよう。

同じく×なのは、「『挺身隊』との混同」と題した項目である。見出しには、「当時は研究が

乏しく同一視」などと弁解がましく書いているが、挺身隊員と慰安婦を混同するなど、常識から考えても起りようがないはず。常識に基づいた素朴な疑問のもつ重要性への認識は、ジャーナリストには不可欠な条件と思うのだが。

次いでは△とするしかなかった、「軍関与示す資料」の項目である。見出しは、「本紙報道前に政府も存在把握」とある。だからと言って朝日には責任はないというわけですか、と言いたいが、軍関与を実証する確実な資料は見つかっていなかったにかかわらず、当時の日本政府の対応、つまり河野談話や宮沢首相の訪韓時の謝罪は、これが日本の有権者が国政を託した人の言行か、と天をあおぎたいくらいに右往左往していたのも確かである。それで朝日も、自分たちよりも政府のほうが突走っていた、とすることで逃げきるつもりなのかと思ってしまう。

「元慰安婦　初の証言」という項目に至っては、私は再検証の必要さえも感じなかった。見出しには「記事に事実のねじ曲げない」とはあっても、事実のほうがおかしいのだから、それを記事にした人の神経がわからない。それでも朝日は、一生懸命△にはしようと努めたようである。とはいえここまでで、×が二つで△が二つ。

有能な弁護士ならば

問題は、「強制連行」と題された項目である。この項目の重要度は、他の四つと比べようがない。欧米までが問題視し始めているのは、まさにこの点なのであるから。

その重要きわまりない問題を、朝日は、「あった」とした。つまりこの項目だけは明らかに、○としたのである。見出しも、「自由を奪われた強制性あった」となっている。

とはいえ朝日は、強制連行を、狭い意味と広い意味に二分している。軍や警察等の公的機関による連行と、良い稼ぎになるなどという民間の業者の甘言にまどわされて慰安婦になったケースに分けており、その結果、前者である狭い意味での強制連行はなかったとしても、「本人の意思に反する広い意味での強制連行」はあったと結論づけたのであった。

ただし、と朝日はつづける。「93年以降、朝日新聞は強制連行という言葉をなるべく使わないようにしてきた」のだ、と。それで見出しも、「強制連行あった」ではなく、「強制性あった」としたのだろう。

だがこの二語のちがいなど、有能な弁護士ならばただちに論破するにちがいない。女たちは慰安所に、胸中の想いはどうあろうと、自分の足で行ったのですね、となるのだから。連行を辞書は、「連れて行くこと」と説明している。

それでも朝日は、「女性たちが本人の意に反して慰安婦にされる強制性があった」とする線はゆずらず、この問題を論じた記事を、「これまで慰安婦問題を報じてきた朝日新聞の問題意識は、今も変わっていない」と書くことで終えている。つまりこの項目だけは、○というわけである。

だが私は、考え込んでしまった。元慰安婦たちの聴き取り調査を行ったということだが、当事者本人の証言といえども頭から信ずることはできないという人間性の現実を、調査しそれを基にして記事を書いた人は考えなかったのであろうか、と。

人間には、恥ずかしいことをしたとか悪いことをしたとか感じた場合には、しばしば、強制されたのでやむをえずやった、と言い張る性向がある。しかも、それをくり返して口にしているうちに、自分でもそうと信じきってしまうようになるのだ。だからこそ厳たる証拠が必要なのだが、この種の性向は、教育の有無に関係なく社会的地位の上下にも関係なく起る。人間とは、かわいそうなほどに弱い存在なのである。だから、彼女たちにくり返して質問をぶつけても、それ以上の事実は出てこなかったろう。泣き叫ばれるか、馬鹿にするなと怒り狂われるかして、終わっていた可能性のほうが大きい。

しかし、だからと言ってそれを基にした記事を書く側は、「『元慰安婦に寄り添い、気持ちを深く理解する』とし、裏付け調査などを行わなかった」では済まないのである。対象に寄り添う暖かい感情をもつと同時に、一方では、離れた視点に立つクールさも合わせ持っていないと、言論で生きていく資格はない。なぜなら、対象に同情しすぎることは、問題のすり替え、つまり、読む人の関心を別の道に誘導してしまうことになりかねないからである。

欧米を敵にまわしてはいけない

ただし私の視線は、この項目のある箇所に釘づけになった。記事をそのまま書き写すが、当時の大日本帝国の内部では「軍による強制連行を直接示す公的文書は見つかっていない」としながらも、次のように続けているのだ。

「一方、インドネシアや中国など日本軍の占領下にあった地域では、兵士が現地の女性を無理やり連行し、慰安婦にしたことを示す供述が、連合軍の戦犯裁判などの資料に記されている。インドネシアでは現地のオランダ人も慰安婦にされた」

私の頭の危険信号が点滅し始めたのは、欧米がこの慰安婦問題を突いてくるとすればこの箇所だ、と思ったからである。「インドネシアでは現地のオランダ人も慰安婦にされた」と記された箇所である。当時のインドネシアは長年にわたってオランダの植民地であったから、オランダ人を主として欧米の女や子供たちも住んでいたのである。

半世紀にもなるヨーロッパでの生活で、苦《にが》い現実でも直視することを私は学んだ。欧米人の多くには、口に出して言える考えと、口に出しては言えないが胸の内では持っている想い、の二つがあることを学んだのである。

建前と本音、とするのでは少しちがう。原理・原則である建前に対してはわれわれは、少しばかり距離を置くのに慣れているのだが、欧米人とはしばしば、建前と本音の双方ともを心から信じる人種でもある。だからこの二者のちがいは彼らにとって、口に出して言うか言わないか、にしかない。

それで、口に出して言える考えとは、彼らにとっては何か、だが、人道的に許せない、とか、異なる宗教を信じている人も認めるべき、とかである。

一方、口には出せないが胸の中では持っている想いとは、キリスト教徒、それも女子供が迫害されるのは許せない、であり、さらにこの人々が白人種であればなおさら許せない、である。

前者を知るには政府の公式発表や記者会見やマスコミの論調で充分だが、後者まで知りたければ、ネット上の意見なりフリーの作家やジャーナリストの記事まで追う必要がある。

しかも、欧米諸国はいずれも民主主義の国である。ゆえに統治者たちには、国民の声を無視することは許されない。そしてその「声」は、口に出せる考えと口には出せない想いの双方であるはずだ。なぜなら、たとえ大統領や首相であっても、軍隊を派遣しての救援活動のような重い決断は、有形だけでなく無形の国民の支持なしには下せないことだからである。また、「声」を無視できないことではマスコミも同様だ。社内だけでなく社外の有識者まで総動員しての攻撃キャンペーンを組むのも、見たり読んだりしてくれる人がいると予想できるからやれることなのだから。

そして、われわれ日本人にとって、欧米を敵にまわすのは賢いやり方ではない。オランダ人の女も慰安婦にされたなどという話が広まろうものなら、日本にとっては大変なことになる。そうなる前に、早急に手を打つ必要がある。

それにはまず、朝日新聞に協力を求めたい。「インドネシアでは現地のオランダ人も慰安婦にされた」で終わる箇所の記事の根拠になった全資料、それも、選択を経たり解釈などが加えられていない生《な》まの資料のすべてを提供してほしいのだ。歴史を書く場合の、「原史料」と呼ばれるものである。

敗戦の直後にアジアの各地で行われたいわゆるBC級裁判は相当に杜撰《ずさん》な証拠を基に行われたのは知っているが、今重要なことは、杜撰でもなんでも生まの証言をすべて集めることなのだ。記事の根拠にした以上、朝日にはそれが残されているはずである。

元オランダ軍兵士の存在

そして、これと同時進行で、もう一つのことを始める必要がある。これこそは政府にしか出来ないことだが、早急にオランダにある日本大使館を通して、ハーグ在住のある人物に接触し、その人の証言を引き出すことである。

その人の名は、ウィレム・ユーケス。今では九十歳をはるかに越えているというオランダ人だが、この人の書いたメモワールは『よい旅を』と題され、（二〇一四年）七月末に新潮社から刊行された。

二十代で来日したこの人は神戸に住みながら、当時の日本製品を彼にとっては母国の植民地であるオランダ領東インド（今のインドネシア）に輸出する仕事にたずさわっていたという。結婚してからは生れ故郷でもあるジャワ島のスラバヤに居を移して仕事を続けていたのだが、そこに太平洋戦争が勃発する。予備役少尉であったこの人もオランダ軍に召集され日本軍を敵にまわすことになったのだが、勝って進駐してきたのは日本軍。ところが、捕虜収容所行きかと観念したこの人の前に日本人の将校が現われ、あなたを探していたと言われてびっくりする。こうしてオランダ人の若者は、日本軍の通訳として働くことになった。

だが彼も、日本は好きだがオランダ男である。それで日本軍の情報を秘かにオランダ側に流したりしていたのだが、それがバレて五年の刑を言い渡され、服役しているうちに日本が敗北する。女性収容所で一時保護された後に病院船で、故国オランダに帰れたのだった。

この人物の証言ならば相当な程度に信頼できると私が思った理由はまず、服役中の過酷な体験にもかかわらず、日本人を恨んではいないということにある。刑務所入りも、自分だって日本軍にとっては敵のオランダ軍に情報を流したりしたのだから仕方がない、と書くのだ。

さらに興味深いのは、彼が一時収容されていたという「女性収容所」である。そこは占領軍時代の日本軍が、オランダ人の女や子供を収容するために作った施設だったのだが、日本の敗戦後は、少数となったオランダ人をインドネシア人による報復から守るために、英国軍が命じたとはいえ、日本の将兵たちによって維持されていた施設だという。

女を性奴隷としか見ず、暴力的に犯す対象としか考えていなかったのが日本軍の将兵と思われていたのならば、なぜ勝者となったイギリス人がその日本兵に、同じヨーロッパ人であり同じキリスト教徒であるオランダの女たちが収容されている施設の警備や維持をまかせたのであろうか。

私だったらこの辺りの事情もくわしく知りたい気がするが、今では九十半ばも越えているこのオランダ人は回想記の中で、慰安婦として働かされた女たちにもふれているのである。

「謝罪がないかぎり、彼女たち、その家族や子孫は日本に恨みを抱きつづけるだろう。それは自分たちにはなんの責任もない過去のために外国人から反感を買ってしまう一般の日本国民に対しても不当であると思う」と書きながら。

オランダ語はもちろんのことおそらくは英語も、そのうえ日本語も解したこの人は、こう書くからには、慰安婦にされた女たちがいたことも彼自身で、「見た」か「聴いた」かしたのである。その中にはオランダ人の女もいたかもしれず、それが何人であったかも、バランスのとれた観察力と判断力をもっていたこの人ならば知っていたのではないか。それにこの人は、慰安婦にされた側でもなく、したとされる側でもない。つまりこの問題では第三者になり、第三者の証言が重要なことは、検証の正確さを期す者にとっては自明の理《ことわり》である。オランダ駐在の日本大使館が三顧の礼をつくしても接触を求める価値は、十分にあると思う。

ちなみに、ここでの私のオランダ人の回想記の紹介は、新潮社発行の『波』に載った黒川創氏による書評に基づいている。本来ならば『よい旅を』と題された著書の全文を読むべきなのだが、日本から取り寄せようにも八月のローマでは誰もまじめに働かないので、国際宅配便でもいつ着くかわからず、この文を書くのに間に合わない怖れ大なので、書評を使わせてもらった。とはいえ黒川創氏の書評は、彼自身が作家であるためか、著者の文章の引用の多い、書く側にしてみれば最上の書評であった。

うみを出しきる勇気

さて、このオランダ人の証言を得ることでより詳細で正確な事実が判明した後はどうするか、である。私ならばこの時点でも、早急に手を打つだろう。何をどうするかは、政治上の決断になる以上、私が口を出す分野ではない。だが、火とは、消せるところから消していくものであり、何にも増して優先さるべきことは、〝敵〟を団結させないことである。太平洋戦争だって、敵の側に団結を許したから敗れたのではなかったか。

とはいえ、朝日の〝告白〟から始まったこの事件を外国の、それもとくにアメリカ合衆国の空気の流れを変える好機にできるか否かは、われわれ日本人にかかっているのは言うまでもない。つまり、国政担当者にもマスメディアにも日本人全体にも、「うみを出しきる勇気」があるかないか、にかかっているのである。

それにはやはり、この機に臨んでは正々堂々と対処するのが、短期的に見ても長期的な視点からも、最も有効な方策と思う。

それは、関係者全員の国会への招致だ。そして、そこでの展開のすべては公表し、国会中継と同じやり方でテレビでも放映する。

報道の自由の侵害だ、という声が起るかもしれない。だが、起すほうがまちがっている。

自由には、常に責任が伴なう。言論の自由とは、言論上の責任は負わなくてよい、ということとはイコールではない。言論を使って生きている以上、刑事上の責任は問われない場合でも、道義上の責任まで逃れることは許されないのである。

上映は一九九四年というから、日本では朝日新聞が声高に慰安婦問題を追及していた時期である。ロバート・レッドフォードが監督した、『クイズ・ショウ』という映画があった。実際にアメリカで起った事件に基づいた映画だそうだが、テレビのクイズ番組に関係した全員が上院の査問委員会に招致され、そこで証言を求められる。クイズの解答者にあらかじめ正解を教えたりして番組を不正に操作したことを問題にされたからだが、民放テレビのヤラセにすぎないのに上院の査問委員会までが動くのか、と思いながら観ていた私も、最後は納得した。

道義上の責任であろうと、視聴者たちの信用を裏切ったのは事実である。それだけでも公的な場で問題にされる理由はあると考えるのが、アメリカ人であるのもわかったのだった。

実際、ヤラセに加担した解答者の一人であった青年を、コロンビア大学は講師の職から解雇する。学者として前途洋洋だったにかかわらず、学界から追放したのだ。その若者の父親が、コロンビア大の有名教授であることなど一顧だにされなかった、厳しい処置であった。

国会に招致され証言を求められる対象者の第一が、この問題の火付け役になったことからも朝日新聞の関係者全員になるのは当然である。もしも私が朝日側の人間であったら、国会招致には積極的に応ずるだろう。朝日新聞には、厳密な検証を経て始めて記事にする記者がいることを、私も知っている。これら優秀な記者たちの仕事を読者の疑いの眼から守るためにも、朝日はうみを出しきったほうがよい。「落ちた偶像」になってしまわないためにも、である。

しかし、「うみを出しきる勇気」は、自民党に対しても求めたい。なにしろ話は、官房長官時代の加藤紘一にまでさかのぼるのである。ゆえに、これ以降の自民党の有力者たちの多くも招致の対象になりうる。国会には、物故者を除く関係者全員を招致するくらいの覚悟が必要だ。国会に招致されることで朝日新聞も傷つくだろうが、自民党も傷つくのである。だが、朝日側が朝日の人間であることを忘れ、自民党の側も自民党の有力者であったことを忘れてこそ、ほんとうの意味で「うみを出しきる」ことができるのではないか。

何のために？　両者ともが、信用の回復のために。

そしてこれもまた、戦後レジームからの脱却、の一つになりうるとさえ思っている。

（附記）

慰安婦という言葉を眺めながら、誰が名づけたのかは知らないが、ずいぶんと優しい名をつけたものだと思った。「慰安」を辞書で引くと、「労苦を慰《なぐ》さめること」とある。それで従軍慰安婦という言葉が日本語以外の他の言語にあるのかと探したのだが、これに該当する語を見つけることはできなかった。従軍記者ならばあるのに、従軍慰安婦はないのである。ないからこそ英語に訳すとなると、「セックス・スレイブ」（性奴隷）となってしまったのだろう。しかし、「慰安婦」と「性奴隷」では、与える印象がずいぶんとちがう。

戦場での一日は、極度の緊張を人間に強いる。そういう一日の後で人肌恋しさのあまりに慰安婦のところに行ったのはよいが、女の胸の中で泣きじゃくっただけで時間切れになってしまった、若い兵士もいたのではないかと想像してしまう。人間は誰でも、同じようには出来てない。だが、慰安婦を英訳したら性奴隷になってしまうのも、人間世界には数多くある「苦い現実」であることを、われわれ日本人も考えてみてはどうであろうか。

（編集部・後記）

ローマ法王は八月、五日間にわたる韓国訪問の際、訪問最後のミサで元慰安婦七人とも面会した。

このミサを、「メール・オンライン」は次のような見出しをつけて報じている。

〈法王は第二次大戦中、日本によってむりやり性奴隷にされた韓国の慰安婦に会い、とうてい受け入れがたくとも和解するよう求めた〉

しかしこの記事は誤りであり、法王が実際に求めたのは、日韓の和解ではなく朝鮮半島の南北の和解だった。とはいえイギリス最大のニュースサイト「メール・オンライン」の間違った認識は、塩野氏の指摘が杞憂ではないことを物語っている。

気高き慰安婦たち

（『諸君！』二〇〇七年八月号初出
文春新書『若き世代に語る日中戦争』より）

伊藤桂一《いとうけいいち》（小説家・詩人）

戦場の真実を描き続ける伊藤桂一氏は昭和十二（一九三七）年に徴兵検査を受け、翌年一月に現役兵として習志野の騎兵連隊に入営、昭和十四年夏に動員され、北支（山西省）の戦場で約二年を過ごした。騎兵連隊の一員としての駐屯生活は、劉村という大きな村で営まれた。「敵が出た」という知らせがあると出動。春と秋に行われる大きな作戦にも出動したという。こうした戦闘での負傷のほか、チフスやマラリアといった疫病に身を危険にさらした兵士たち。そこにいた慰安婦の女性たちと、若き兵士たちの思い出を語る。

副官と婦長の純愛物語

――そうやって病気になったり怪我した日本兵は、現地で手当てを受ける。そして、衛生兵の手に負えなければ、病院へ送られるのですね。

伊藤　そうです。師団司令部がある臨汾に野戦病院がありました。もっと大きな陸軍病院は北京にありましたね。僕らの駐屯地から臨汾まで四キロあったんですが、ある中隊長が盲腸になったことがあった。馬やトラックで行くと目立って、敵に攻撃されるからと、体格のいい一等兵が背負っていったことがありましたね。病院へ行くと看護婦さんが看護してくれるんです。

――先生は入院されたことは？

伊藤　幸か不幸か無いんです。入院した兵隊たちは、看護されるうれしさ、喜びをよく語ってましたね。もっとも古参の看護婦になると、怒鳴ったり脅かしたりで、上官より恐かった（笑）。戦場にまでやって来る看護婦は本当にプロ意識が強いというか、よく働きました。

戦後のことですが、うちのおふくろが世話になったヘルパーさんが、あまりに能力が高くて、気も利くので、もしやと思って聞いてみたら、案の定、もと従軍看護婦だったという。それで納得しました。その人は噂が広まって、結局どこかの病院が引っ張っていっちゃいましたね。婦長にするからって。

――私も従軍看護婦のことを調べたことがあるんですが、ずいぶん多くの人が果敢な働きをされて亡くなっているんですね。

伊藤　兵隊と同じく、自分を捨てていましたからね。中国ではあまりそういうことはなかったけれど、敵に包囲された場合、看護婦、民間人――つまり軍属やその家族、料理を作ったりして軍隊で働いていた人など――すべてが一緒に戦って、そして死にました。とくに看護婦は負傷者を看護しながら凜々《りり》しく戦った。

――戦前の国民皆兵、兵役の義務というのは、男性だけの話ですが、従軍看護婦を志願した女性たちがたくさんいたことも忘れるわけにはいきません。この方々の手記を読むと、〝一日千秋の思いで戦時召集を待っていた〟とか、〝早く卒業して戦場に赴きたい〟という思いが綴られていて、その純粋さには心打たれます。

伊藤　戦後なん十年か経ったときですが、僕らの部隊の副官が中風で倒れたと聞いて、戦友会で慰問に行こうということになり、高山に旅行したことがあるんです。すると副官の奥さん、元兵隊たちのあしらいが大変うまい。聞いてみると、じつは臨汾の陸軍病院の婦長さんだった。

パラチフスがはやって部隊長以下、大勢が入院したとき、婦長とその副官は、気が合ったらしいんですね。それで「生きていたら、一緒になってくれないか」、「いいですよ」ということになったらしい。部隊長も「きちんと約束しておけよ」、と。

でも、それが昭和十五年でしょう。そのあと、ずいぶん戦闘があって、僕らの部隊も解散したし、敗戦の混乱もあった。明日をも知れぬ戦場での約束が、よく果たせたなぁと、あれにはみんな感激しました。

軍管理慰安所の実態は

――いいお話ですね。でも、従軍看護婦の場合は世間から尊敬を受けますが、慰安婦となると、なんとなく語りづらい、暗い部分があるように思ってしまうのです。先生は、職業的に身を売っている人を蔑視することに疑問を呈し、慰安婦たちを人間的に見直させるような作品をいくつも書いておられましたね。

伊藤　僕らからすると、戦場慰安婦というのは、兵隊と同じ。兵隊の仲間なんです。本当に大事な存在だったんですね。いまよく言われているような、日本の官憲に拉致されて、泣き叫ぶのを無理やり〝性奴隷〟にされた、という話は聞いたことがないですね。

当時は公娼制度があって、官憲が強制連行する必要などそもそもないし、本人たちも一応納得して――むろん不本意だったろうし、悪質業者に騙されてということもあったでしょうが――というのが建前だった。奴隷狩りなどではなく、きちんと筋を通して集められていたんです。

また一方で、軍は慰安所に無関係だった、あれは民間が勝手にやったことだという意見も耳にするけど、そんなことはない。僕は、「慰安婦募集の一記録」という一文を書いたことがありますす。満州にいた関東軍の第六国境守備隊隊長だった菱田元四郎という大佐が、北満州の西崗子という町に、軍の管理する慰安所を作ったという話です。

この人は、大佐には珍しく下情に通じた人だった。士官学校や陸軍大学校など日本の軍人育成学校の欠陥は、軍事は教えても人間のことは教えなかったことじゃないかと思うんですが、そのなかで珍しく兵隊の気持ちの分かる人だった。例えば、駐屯地にいる軍人、軍属の家族に「婦人の下着類を望楼から見えるところに干さないでくれ」という通達を出したことがある。望楼から双眼鏡で監視している兵隊を刺激しないように、という配慮なんですね。

彼の慰安所計画は、憲兵隊長の強い反対にあいます。〝民間人がやるならともかく、軍みずから慰安所を作るなんてとんでもない〟と。しかし、菱田部隊長は〝君たちは料亭の女を専有しているからよい。兵隊たちは性の処理をどうするんだ〟と反論して、これを認めさせた。民間人に任せると性病がこわいし、情報も漏れる。それならいっそ軍がしっかり管理して、慰安婦たちにも安心して働いてもらおうというのが菱田大佐の発想なんですね。

――その話は直接聞かれたんですか?

伊藤　菱田大佐の部隊にいた人に詳しく聞きました。その慰安所は、「満州第一八部隊」と名づけられました。

慰安婦は、朝鮮の慶尚北道、慶尚南道で募集し、志願してきた女性は軍属として、判任官待遇（下士官待遇）とする。玉代は四十分一円五十銭。衣食住は軍持ち。前借《ぜんしゃく》も無期限、無利子で自分の稼ぎによって返済する。つまり、稼げば稼ぐだけ、前借している金を返すことができるわけです。民間の慰安所の場合、楼主夫婦をお母さん、お父さんと呼んで擬似一家の構成にしているから、稼いでも途中でピンはねされてしまうという弊害があった。しかし、軍の慰安所にはそういう心配は、もちろんありませんでした。

そのほか、軍は、管理はするけれど生活には干渉しないとか、そういった条件をきちんと謳って募集したんです。

――女性たちは集まったんですか？

伊藤　たちまち二百人集まったそうです。募集地を慶尚道にしたのは、あの辺りの女性は気質もいいし団結も強い、という理由だったようです。慰安所の建物は、松、竹、梅と三つあって、一人に一部屋があてがわれた。壁に掛かっている慰安婦の外套の襟には、軍属のマークが縫いつけられている。判任官のものですから、上等兵より階級は上なんですね（笑）。嫌な客は断ることができるし、兵隊たちは女性たちの機嫌をとり、乱暴せず、節度ある態度で遊んだそうです。

――なんだかユニークなお話ですね。

人間性を浄化してくれた彼女たち

伊藤　慰安婦問題は千差万別で、慰安婦になった経緯もいろいろでしょうね。家が貧しかったり親が病気だったり……。本人たちにしてみれば、不本意だし悲惨な目にもあったでしょう。でも、それは悲しい現実で、昔からあることなんですね。

娼婦は最古の職業といわれ、現在でも身を売る女性はたくさんいる。そしてどこの軍隊にも、周辺には女がつきものです。なのになぜ日本軍の慰安婦だけが今なお、とくに韓国や中国で問題にされるのか。反日的な風潮にもよるんでしょうか……。

その根本には、娼婦を醜業、賤業と見る見方があるようにも思えます。だから強制連行されたことにしないとまずいのかもしれない。「WiLL」二〇〇七年六月号の『従軍慰安婦』問題100問100答」で、黄文雄《こうぶんゆう》さんが、「娼婦を賤業と見るのは儒家思想であり、インドの仏典では妓女（娼婦）は神と人との中間にある巫女のような地位で『聖職』とされています」と書いていますが、僕は同感ですね。たとえ一晩だけの付き合いでも、兵隊と慰安婦が互いに敬意と親しみを感じる、そういうことがざらにあったんです。兵隊は戦闘で明日には死んでしまうかもしれない。そんななかで、喜びと悲しみを分かちあってくれたのが彼女たちだった。娼婦がじつは仏さまの化身だった、という伝承がありますけれど、戦場の兵隊からすると、それは実感ですね。もっとも僕は寺に生まれているから、なおさらそう思うのかな（笑）。

――先生の作品に「水の琴」がありますね。戦場に流れてきた一人の娼婦と、兵隊との、淡々とした、美しい交流が描かれていて、あの作品、大好きなのです。

伊藤　でしょう。あれは直木賞受賞後の第一作として、「オール讀物」昭和三十七（一九六二）年四月号に書いたものです。慰安婦を描いた名作だと思っています（笑）。兵隊と慰安婦が意気投合して一緒に逃げたりすることもありましたが、そういうときはたいがい中国女性でした。本来、中国の女性は日本兵となじまないけれど、一度なじむと一切を賭ける。その点、朝鮮の女性は献身的だけど、日本兵に芯から溺れることはなかったですね。お金を稼いで、その後、結婚するというのが、彼女たちほとんどの夢でした。

――「土用波」という作品もありました。

伊藤　あの小説に出てくる慰安婦は中国人だったんです。僕の友人は、彼女のことを戦後もずっと忘れられなかった。それで僕に写真を見せたり、手記を託したりして。小説にしてくれっていうんです。でも他人の恋を描いてもしかたがない。自分のならともかく（笑）。そう返事していたら、しばらくして彼は土用波にさらわれ死んじゃった。「土用波」は彼への追悼のエッセイなのです。

――「この女性のおかげで私は人間性を浄化され」たという一節が印象的でしたね。こうした問題は、人間の根源的なものに、じかに触れてみないと分からないのかも知れません。

伊藤 そうなんです。僕が中支にいたときですが、慰安所の女性に手紙を託されたことがありました。手紙の相手は、転属してもうその地にいない兵隊で、彼は慰安所に来ても、いつも彼女たちをモデルにスケッチばかりしていたというんです。金は払うけれど、肉体関係はない。神聖で美しいものを見るようにひたすら描いていたという。彼女にとっても忘れられない人だったんですね。

そんな例もあるんですよ。僕にしても、人間とはなにかということを彼女たちから、ずいぶん教わりました。繰り返しますが、兵隊たちにとって、慰安婦は大切な仲間、苦労をともにした戦友だった。それが単に汚らわしい関係だったようにいわれるのは、戦場体験者としてちょっとやりきれないですね。

兵隊たちは黙って働き、その多くは黙って死にました。もう戻ってはきません。慰安婦たちは悲劇的な不条理のなかで生きてきたし、兵隊たちも、もっと不条理の中で生き、死んでいかなければならなかった。だから、お互い心が通い合うこともあったし、彼女たちとの思い出を胸に抱いて死んでいった兵隊もいる。いまの人にはとうてい分かってもらえない気持ちかもしれませんが、そういう兵隊たちに代わって、あえて慰安婦賛美論を述べてみたかったんです。

（聞き手・野田明美）

猪瀬直樹（いのせ　なおき）

1946年、長野県生まれ。作家。1987年『ミカドの肖像』で大宅壮一ノンフィクション賞受賞。『日本国の研究』（97年。文藝春秋読者賞受賞）は政界の利権、官僚支配の問題を突き、小泉純一郎首相から道路公団民営化推進委員に任命される契機ともなった。2012年12月から13年12月まで第18代東京都知事。

櫻井よしこ（さくらい　よしこ）

1945年、ベトナム・ハノイ生まれ。ジャーナリスト。ハワイ州立大学卒業。英字新聞「クリスチャン・サイエンス・モニター」東京支局などを経て、1980年より1996年まで、日本テレビ「きょうの出来事」のメインキャスターを務める。2007年シンクタンク「国家基本問題研究所」を創設。初代理事長に就任。『エイズ犯罪　血友病患者の悲劇』『迷わない。』などの著書がある。『文藝春秋』2014年10月号には「朝日誤報を伝えないニュース番組」を寄稿している。

石原信雄（いしはら　のぶお）

1926年、群馬県生まれ。東京大学法学部卒業後、地方自治庁（現総務省）入庁。自治事務次官を経て、竹下内閣から村山内閣までの7代にわたって事務方トップの内閣官房副長官を務め、宮沢内閣での「河野談話」発表にも関わった。現在、財団法人地方自治研究機構会長。

塩野七生（しおの　ななみ）

1937年、東京生まれ。学習院大学文学部哲学科卒業後、イタリアに遊学。1968年から執筆活動を開始。1970年『チェーザレ・ボルジアあるいは優雅なる冷酷』で毎日出版文化賞。81年『海の都の物語』でサントリー学芸賞。82年菊池寛賞。88年『わが友マキアヴェッリ』で女流文学賞。99年司馬遼太郎賞。2002年にはイタリア政府より国家功労勲章を授与される。07年文化功労者。2006年に全15巻が完結した『ローマ人の物語』のほか『十字軍物語』などの著書がある。

伊藤桂一（いとう　けいいち）

1917年、三重県生まれ。小説家・詩人。1939年より北支（山西省）で、1943年からは中支（安徽省）に駐屯。伍長として終戦を上海郊外で迎えた。1961年「螢の河」で直木賞受賞。以後、『悲しき戦記』など戦場を舞台にした小説を発表し、『静かなノモンハン』で芸術選奨文部大臣賞。1985年紫綬褒章、2002年勲三等瑞宝章受章。日本芸術院会員。

西岡　力（にしおか　つとむ）

1956年、東京生まれ。東京基督教大学教授。北朝鮮に拉致された日本人を救出するための全国協議会（「救う会」）会長。国際基督教大学卒業。筑波大学大学院地域研究科修了（国際学修士）。1977年から78年まで韓国・延世大学国際学科留学。1982年から84年まで外務省専門調査員として在韓日本大使館勤務。1990年から2002年まで月刊『現代コリア』編集長を務めた。現在、政府拉致問題に関する有識者との懇談会メンバーでもある。

上杉千年（うえすぎ　ちとし）

1927年、岐阜県生まれ。2009年没。國學院大学文学部史学科卒業後、高校の社会科教師として岐阜県と静岡県で定年退職まで教鞭をとる。その間、歴史教科書問題に取り組み、新しい歴史教科書をつくる会理事も務めた。

秦　郁彦（はた　いくひこ）

1932年、山口県生まれ。現代史家。東京大学卒業後、大蔵省入省。ハーバード大学、コロンビア大学留学を経て防衛研修所教官、大蔵省財政史室長、プリンストン大学客員教授、拓殖大学教授、千葉大学教授、日本大学教授を歴任。『現代史の虚実』『昭和史の謎を追う』などの著書がある。1993年「『昭和史の謎を追う』などの昭和史観」で菊池寛賞を受賞。

上坂冬子（かみさか　ふゆこ）

1930年、東京生まれ。ノンフィクション作家。2009年没。1959年、「職場の群像」で第1回中央公論社思想の科学新人賞を受賞。これを機に文筆活動をはじめる。『男装の麗人・川島芳子伝』『宰相夫人の昭和史』『これでは愛国心が持てない』などの昭和史に関する著書も多数ある。1993年『硫黄島いまだ玉砕せず』などの言論活動により菊池寛賞受賞。

保阪正康（ほさか　まさやす）

1939年、北海道生まれ。昭和史研究家。同志社大学文学部卒業。個人誌「昭和史講座」を主宰し数多くの歴史の証人を取材。その一貫した昭和史研究に対して、2004年に菊池寛賞が授与された。『東條英機と天皇の時代』『秩父宮』『昭和史入門』『高度成長――昭和が燃えたもう一つの戦争』などの著書がある。

文春新書

997

「従《じゅう》軍《ぐん》慰《い》安《あん》婦《ふ》」朝日《あさひ》新聞《しんぶん》vs.文藝《ぶんげい》春《しゅん》秋《じゅう》

2014年(平成26年)10月20日　第1刷発行

編　　者　　文藝春秋
発行者　　飯窪成幸
発行所　株式会社　文藝春秋

〒102-8008　東京都千代田区紀尾井町3-23
電話　(03) 3265-1211(代表)

印刷所　　理想社
付物印刷　　大日本印刷
製本所　　大口製本

定価はカバーに表示してあります。
万一、落丁・乱丁の場合は小社製作部宛お送り下さい。
送料小社負担でお取替え致します。

ISBN978-4-16-660997-0

◆日本の歴史

皇位継承　高橋紘・所功
名字と日本人　武光誠
ハル・ノートを書いた男　須藤眞志
古墳とヤマト政権　白石太一郎
昭和史の論点　坂本多加雄・秦郁彦・半藤一利・保阪正康
二十世紀日本の戦争　阿川弘之・猪瀬直樹・中西輝政・秦郁彦・福田和也
県民性の日本地図　武光誠
謎の大王 継体天皇　水谷千秋
四代の天皇と女性たち　小田部雄次
合戦の日本地図　武光誠・合戦研究会
明治・大正・昭和 30の「真実」　三代史研究会
大名の日本地図　中嶋繁雄
平成の天皇と皇室　高橋紘
女帝と譲位の古代史　水谷千秋
旧制高校物語　秦郁彦
伊勢詣と江戸の旅　金森敦子

対論 昭和天皇　原武史・保阪正康
日本文明77の鍵　梅棹忠夫編著
美智子皇后と雅子妃　福田和也
誰も「戦後」を覚えていない　鴨下信一
徳川将軍家の結婚　山本博文
謎の豪族 蘇我氏　水谷千秋
「悪所」の民俗誌　沖浦和光
宗教の日本地図　武光誠
同時代も歴史である 一九七九年問題　坪内祐三
あの戦争になぜ負けたのか　半藤一利・保阪正康・中西輝政・戸高一成・福田和也・加藤陽子
特攻とは何か　森史朗
一万年の天皇　上田篤
十七歳の硫黄島　秋草鶴次
誰も「戦後」を覚えていない［昭和20年代後半篇］　鴨下信一
甦る海上の道・日本と琉球　谷川健一
江戸城・大奥の秘密　安藤優一郎
昭和十二年の「週刊文春」　菊池信平編
旅芸人のいた風景　沖浦和光

日本のいちばん長い夏　半藤一利編
旗本夫人が見た江戸のたそがれ　深沢秋男
元老 西園寺公望　伊藤之雄
昭和陸海軍の失敗　半藤一利・秦郁彦・平間洋一・保阪正康・黒野耐・戸髙一成・戸部良一・福田和也
昭和の名将と愚将　半藤一利・保阪正康
シェーの時代　泉麻人
昭和二十年の「文藝春秋」　文春新書編集部編
零戦と戦艦大和　半藤一利・秦郁彦・前間孝則・鎌田伸一・戸髙一成・江畑謙介・兵頭二十八・福田和也・清水政彦
貧民の帝都　塩見鮮一郎
中世の貧民　塩見鮮一郎
江戸の貧民　塩見鮮一郎
東京裁判を正しく読む　牛村圭・日暮吉延
昭和天皇の履歴書　文春新書編集部編
誰も「戦後」を覚えていない［昭和30年代篇］　鴨下信一
対談 昭和史発掘　松本清張
幕末下級武士のリストラ戦記　安藤優一郎
山県有朋　伊藤之雄
ユリ・ゲラーがやってきた　鴨下信一

新・脱亜論　渡辺利夫
中国が予測する"北朝鮮崩壊の日"　綾野　富坂聰編
中国共産党「天皇工作」秘録　城山英巳
外交官が見た「中国人の対日観」　道上尚史
中国の地下経済　富坂聰
日中韓 歴史大論争　櫻井よしこ・田久保忠衛・古田博司 劉江永・歩平・金燦栄・趙甲濟・洪熒
ソニーはなぜサムスンに抜かれたのか　菅野朋子
金正日と金正恩の正体　李相哲
中国人一億人電脳調査　城山英巳
緊迫シミュレーション 日中もし戦わば　マイケル・グリーン 張宇燕・春原剛・富坂聰
韓国併合への道 完全版　呉善花
中国人民解放軍の内幕　富坂聰
習近平の密約　加藤隆則 竹内誠一郎
北朝鮮秘録　牧野愛博
独裁者に原爆を売る男たち　会川晴之
現代中国悪女列伝　福島香織
侮日論　呉善花
中国停滞の核心　津上俊哉

◆教える・育てる

幼児教育と脳　澤口俊之
不登校の解法　団士郎
大人に役立つ算数　小宮山博仁
子どもが壊れる家　草薙厚子
父親のすすめ　日垣隆
食育のススメ　黒岩比佐子
明治人の作法　横山験也
こんな言葉で叱られたい　清武英利
著名人名づけ事典　矢島裕紀彦
人気講師が教える理系脳のつくり方　村上綾一

◆スポーツの世界

力士の世界　33代 木村庄之助
宇津木魂　宇津木妙子
不屈の「心体」　大畑大介
イチロー・インタヴューズ　石田雄太
ワールドカップは誰のものか　後藤健生
野球へのラブレター　長嶋茂雄
山で失敗しない10の鉄則　岩崎元郎
本田にパスの36%を集中せよ　森本美行
駅伝流　渡辺康幸
プロ野球「衝撃の昭和史」　二宮清純
新日本プロレス12人の怪人　門馬忠雄
全日本プロレス超人伝説　門馬忠雄
東京五輪1964　佐藤次郎
サッカーと人種差別　陣野俊史

(2014. 9) C

文春新書好評既刊

坂本多加雄・秦郁彦・半藤一利・保阪正康
昭和史の論点
日本は進路を誤ったのか。戦前は「暗黒」だったのか。ワシントン体制から戦争責任まで、現在にまで尾をひく諸問題を徹底討論する
092

上坂冬子
これでは愛国心が持てない
憲法と教育基本法の見直しが始まったが、その前に大事なことをお忘れでは？　健忘症日本に突きつける、こんな日本じゃ愛せない
550

伊藤桂一・野田明美（聞き手）
若き世代に語る日中戦争
実際に中国で戦い、戦後数々の戦争文学を手がけた著者が語る、体験的日中戦争史。軍隊の常識から慰安婦まで、戦争の実相がここに
607

櫻井よしこ・田久保忠衛・古田博司・劉江永・歩平・金燦栄・趙甲濟・洪熒
日中韓　歴史大論争
靖国参拝や領土、歴史認識、人権問題など、日中・日韓両国間の最重要課題を、日中韓を代表する論客が徹底討論。脅威の核心に迫る
777

呉　善花
侮日論
「韓国人」はなぜ日本を憎むのか
いまだ平行線をたどる日韓関係。政治、経済、歴史、文化等、両国を知悉する著者ならではの多角的な視点で、憎悪の理由を掘り下げる
954

文藝春秋刊